像格雷厄姆和巴菲特一样
选对股票，买对价位

价值投资者的
头号法则

THE LITTLE BOOK
OF VALUE
INVESTING

［美］克里斯托弗·布朗

（CHRISTOPHER H. BROWNE）---------- 著

刘寅龙 ---------- 译

四川人民出版社

图书在版编目（CIP）数据

价值投资者的头号法则 / （美）克里斯托弗·布朗著；
刘寅龙译 . —成都：四川人民出版社，2019.4

ISBN 978-7-220-11163-1

Ⅰ . ①价… Ⅱ . ①克…③刘… Ⅲ . ①股票投资
Ⅳ . ① F830.91

中国版本图书馆 CIP 数据核字 (2018) 第 289527 号

四川省版权局著作权登记 [图进] 21-2018-523

JIAZHI TOUZIZHE DE TOUHAO FAZE

价值投资者的头号法则

[美] 克里斯托弗·布朗　著

刘寅龙　译

执行策划	桂林　黄河
责任编辑	何朝霞　王莹
内文设计	胡小瑜
封面设计	安宁书装
责任校对	吴玥
特约编辑	闵耀洋
责任印制	胡小瑜

出版发行	四川人民出版社（成都槐树街 2 号）
网　　址	http://www.scpph.com
E-mail	sichuanrmcbs@sina.com
新浪微博	@ 四川人民出版社官博
发行部业务电话	（028）86259457　85259453
防盗版举报电话	（028）86259457
印　　刷	深圳市精彩印联合印务有限公司
成品尺寸	787mm×1092mm　1/16
印　　张	16
字　　数	222 千字
版　　次	2019 年 4 月第 1 版
印　　次	2019 年 4 月第 1 次印刷
书　　号	ISBN 978-7-220-11163-1
定　　价	52.00 元

罗杰·洛温斯坦 (Roger Lowenstein)

《巴菲特传》作者

在价值投资领域，能和克里斯托弗·布朗相提并论的人寥寥无几。

巴顿·比格斯 (Barton M. Biggs)

Traxis合伙基金发起人、摩根士丹利前全球首席战略官

作为当今世界上最杰出的价值投资大师之一，克里斯托弗·布朗的话绝对值得我们洗耳恭听。

拜伦·威恩 (Byron R. Wien)

摩根士丹利添惠前董事经理兼投资总监

价值投资大师克里斯托弗·布朗的投资理念融合了本杰明·格雷厄姆和沃伦·巴菲特的精华。这本充满平凡意识和不平凡思想的巨著，融合了他四十多年的投资经历和毕生的智慧，是一本能让所有投资者受益匪浅的投资指南。

查尔斯·埃利斯 (Charles Ellis)

哈佛商学院和耶鲁大学投资委员会主席

价值投资者对收益的欲望是无止境的。克里斯托弗·布朗为我们剖析了其中的原因，并且教导我们怎样让美梦成真。这部简洁清晰而又趣味横生的作品，能让投资者财源不断。

马丁·怀特曼 (Martin Whiteman)
第三大道价值基金创始人

克里斯托弗·布朗是价值投资领域的一位国际级巨人，这本书更是一本值得珍藏的传世经典。

刘易斯·桑德斯 (Lewis Sanders)
联博基金管理公司董事长兼首席执行官

克里斯托弗·布朗以迷人的视角向世人展示了使其成为业内不朽传奇的投资原则和技巧。对任何投资者，无论他们有着何种经历，这都是一本不可不读的好书。

格伦·哈伯德 (Glenn Hubbard)
哥伦比亚大学商学院院长兼金融经济学教授

克里斯托弗·布朗是一位才华横溢的价值投资者，这部精彩绝伦的作品剖析了价值投资的运作方式，告诉我们如何认识一只股票的内在价值，如何让国内外的会计信息为我所用以及如何根据市场走势建立股票组合，实现财富增值。

查尔斯·罗伊斯 (Charles Royce)
罗伊斯基金总裁

本书充满了投资的大智慧。对任何一位投资者而言，这本书都是不可不看的。它以最简洁、最清晰、最基础的语言诠释了价值投资的真谛。我把这本书指定为所有公司股东的必读书。

布鲁斯·格林沃尔德 (Bruce Greenwald)
哥伦比亚大学商学院教授

克里斯托弗·布朗是财富创造领域中一位出类拔萃的实践者。

《华尔街日报》(*The Wall Street Journal*)

对任何有志于采用价值投资这一独特投资策略的投资者来说，这本深入浅出、简洁明晰的投资指南绝对是首选。

《福布斯》(*Forbes*)

如果你想保护你的退休金和养老金，并且让其不断增值，本书将是最好的指南之一。这本来自于价值投资领域大师级人物的最新作品，因其充实的内容和深入浅出的语言，必将成为新世纪价值投资者们的指导性纲领。

《金融时报》(*Financial Times*)

这是目前世界上第一流的论述价值投资艺术的书籍。

彭博财经网站 (www.Bloomberg.com)

布朗长年坚持遵循本杰明·格雷厄姆所倡导的价值投资信条。现在，他将这些投资信条以最简洁和让人信服的语言传递给每一位投资者。

《出版商周刊》(*Publishers Weekly*)

克里斯托弗·布朗长年管理特威迪－布朗基金公司的经验，为他的价值投资课程提供了大量精彩无比的例子。布朗以史上最伟大的价值投资大师（包括本杰明·格雷厄姆、沃伦·巴菲特、沃尔特·施洛斯）的例子，证明了价值投资法是使投资利润最大化的最好的方法。布朗先生极善于使用比喻和隐喻，也很善于从奇闻逸事中寻找灵感，使得全书既充满知识性，也充满趣味性和可读性，这从书中生动有趣的章节名称可见一斑。同时，凭借细致入微的投资建议和透彻的论述，本书必将成为专业和业余投资者不可多得的财富。

《独立报》（*The Independent*）

这是价值投资大师克里斯托弗·布朗的全新力作，如果你天生是一名价值投资者，你将在本书中找到大量极具说服力和启发性的价值投资方法……只要你遵循这些技术，并且能妥善处理因采用与大多数人都不同的投资方案所带来的心理压力，你的长期投资必将获得成功。

《今日美国》（*USA Today*）

锐利的笔调……让你心中燃烧起购买股票的渴望。

价值投资的梵蒂冈教皇

特威迪－布朗基金公司总裁
克里斯托弗·布朗

克里斯托弗·布朗是全美顶级的特威迪－布朗基金公司总裁，也是著名投资公司特威迪－布朗有限责任公司（Tweedy Browne Company LLC）[1] 的经营主管，同时还是特威迪－布朗信托基金会主席，具有丰富的投资经验。

特威迪－布朗公司创建于20世纪20年代，主要从事买卖股票和债券经纪业务。本杰明·格雷厄姆在20世纪30年代和40年代就曾是特威迪－布朗的客户之一。巴菲特评价道：特威迪－布朗投资团队是格雷厄姆－多德式（Graham-Dodd Type）的超级投资者，是一个使用格雷厄姆投资方法的典型价值型基金公司。

作为特威迪－布朗公司的管理者之一，克里斯托弗·布朗于1969年加入特威迪－布朗公司，1974年成为该公司董事，2009年去世。布朗曾经管理过特威迪－布朗公司旗下投资于美国国内股票的

---

[1]特威迪－布朗公司创立之初，名为Tweedy&CO.。——译者注（下文如无特别说明，均为译者注）

价值基金，该基金自 1993 年成立，至 2009 年，年均收益率为 8.53%，同时期的标准普尔 500 指数年均收益率为 7.59%。另外一只全球价值基金自 1993 年成立，至 2009 年，年均收益率为 10.29%，同期的基准指数 MSCI EAFE 年均收益率为 5.29%。

他毕业于宾夕法尼亚大学并作为特许受托人服务于该校。他拥有多种头衔，是多家美国名牌大学的名誉理事和委员，还是哈佛大学约翰·肯尼迪政府学院"投资决策及行为金融学"学术咨询委员会委员，此外，他还是洛克菲勒大学投资管理委员会委员。他还是个伟大的慈善家。他创立了布朗国际政治中心，同时在宾州大学捐献 2500 万美元创立了"布朗杰出教授奖"。

克里斯托弗·布朗是本杰明·格雷厄姆门下最优秀的学生之一，作为格雷厄姆的真传弟子，克里斯托弗·布朗长年坚持遵循格雷厄姆所倡导的价值投资信条。他被誉为"价值投资领域的一位国际级巨人""当今世界最杰出的价值投资专家之一""财富创造领域中一位出类拔萃的实践者"。巴菲特说："如果像克里斯托弗·布朗形容的那样，特威迪－布朗是'价值投资的梵蒂冈城'，那么布朗就是'梵蒂冈的教皇'。"

20 世纪 60 年代，他曾经帮助巴菲特收购了伯克希尔·哈撒韦的控制权。因此，布朗家族既与格雷厄姆有千丝万缕的联系，又与巴菲特有着很深的渊源。

回报就是价值投资最好的证明

《巴菲特传》作者
罗杰·洛温斯坦

　　我投资的第一只股票 Poloron Products 绝对物超所值。早在 20 世纪 60 年代初，父亲就为我买了 400 股。我从来就没有想过这些股票能给我带来什么，或是表现如何，但我还是养成了每天早晨看一下股价的习惯。（也许你不信，在我年轻时，股票市场还处于一个和技术几乎毫不相干的时代，在那个时候，要了解前一天市场表现，人们还只能依赖于报纸。）让我感到百思不得其解的是，股价上涨 1/8 就可以给我带来 50 美元的收益，这真是一颗硕大无比的宝石。尽管股票下跌和上涨都是常有的事，但我还是习惯于对下跌视而不见，尽情享受着财富增长带来的刺激。（这些股票只不过是一些纸片，对吧！）我记得自己曾经问父亲是什么让股价上涨。虽然他的回答很有启发意义，但却很有限：因为 Poloron 还在做生意，这就是我的理解。

　　企业的赢利水平越高，投资者就需要支付更高的股价。但有一点却是我所不能理解的：利润并不能"归属"于股票，它们只能归属于公司。我在《时代》(Times) 上搜寻的报价和公司保险箱里的收入毫不相干，而我对此却笃信不已。那么，股价为什么会上涨呢？我父亲的看法是企业利润，也就是说，股价的上涨源于公司向股东发放股利的能力。但是在这个问题上，Poloron 似乎依然是不折不扣的主宰者，他们根本没有必要向我们支付股利。

我猜想，所有股东大概都和我一样，对此一无所知，而且又无能为力，只能听任他们的摆布。至于说股价的上涨完全服从于企业的增长（正如我父亲所说的），我认为这正是市场的特性。在我看来，枯燥乏味的金融学教条让股价沉浮显得更令人振奋，而那个决定我这400 股股票价格的人，显然是不折不扣地依照 Poloron 的赢利状况作出决策的，尽管我和其他股东也许永远都看不见他们。

我不记得父亲什么时候卖掉了我的股票，但这肯定是事实，因为我恍惚之间觉得那 400 股股票已经不再属于"我"了，于是，我也就不再关注 Poloron。但它也让我牢牢地记住了一个颠扑不灭的真理。华尔街总是在告诉我们：股票变动的诱因是无穷无尽的，比如说战争与和平、政治、经济、市场趋势，等等。但是让我坚信不疑的却是这样一个信条：股价依托的就是企业的基本收益。

在看到克里斯托弗·布朗的《价值投资者的头号法则》创作提纲时，我立刻想到了这一点。也许每个人在年轻时都曾经有过这样的经历：在参加体育比赛的时候，父母的鼓励总会让我们激情四射，动力无穷。同样，他们对待经济问题的看法也会塑造我们的经济意识。毋庸置疑，我们的第一堂财务课也总是源自生活中的耳濡目染，而影响力最大的自然是长辈（对我而言则是父母）。年轻人总是以崇敬的心情去倾听长者的教诲，他们的一字一句都将深深地扎根于我们的思想深处，坚实牢固，不可动摇。

对布朗来说，父辈的经历和引导让他受益无穷。在他的身上，让我们深刻地体会到血脉相承的经济意识。他的父亲霍华德·布朗 (Howard Browne) 曾经是一名股票经纪人。1945 年，老布朗和几位合伙人共同创建了特威迪－布朗－赖利公司 (Tweedy, Browne and Reilly)，而本书的作者又子承父业，一直担任着该公司的负责人。把这些创始人称作"经纪人"显然过于轻率，在华尔街，他们绝对是某个特殊领域的专家：他们把目光盯在那些极少交易的股票上，由于这类股票基本不存在真正的市场公开性，其业务核心，就是把这些股票的买方和卖方撮合到一起。因此，从定义上看，他们的顾客就是那些依从市场趋势，对股票基本价值情有独钟的投资者 (需要提醒的是，这些股票根本就不存在活跃的市场交易)。事实上，公司最早同时也是最积极的客户就是本杰明·格雷厄姆 (Benjamin Graham)，一位曾创造历史的金融学教授、声名显赫的财经作家和业绩斐然的基金经理。

可以说，本杰明·格雷厄姆是价值投资的鼻祖，更是价值投资基本原则的缔造者，而他的信徒则是价值投资的第一批实践者。在这些先行者当中，特威迪－布朗很快就脱颖而出，成为其中的领军者，并得到业界的推崇。特威迪－布朗－赖利公司位于华尔街 52 号，与格雷厄姆的办公室比肩而邻 (也许是为了能得到这位大师更多的生意，当然还有他的教诲)。最终，公司业务也从单纯的股票经纪发展到基金管理。也就是说，投资已经成为公司生存的基石。于是，他们也就自然而然地秉承了格雷厄姆的投资理念和经营方式。

介绍价值投资的基本含义并不困难，但是要在实践中真正运用价值投资的策略却绝非易事。实际上，价值投资的原理无非是按照股票的商业价值，买入市场价格低于内在价值的股票，这一点与传统意义上的股票市场截然不同。还记得那些神秘兮兮、凭着收益能力大肆哄抬 Poloron 股票价格的家伙吧？他们肯定别有用心。

既然游戏的主题是价格和价值，换句话说，一切都是为了寻找物超所值的便宜货，那么，价值投资者总是费尽心机地搜罗那些一跌再跌的股票，这一点自然也就不足为奇了。他们不过是大势投资 (Momentum Invest)① 者的翻版而已，股票的上涨必然会让他们激昂振奋。正如布朗所述："购买股票就像在杂货店里买家当，一定要趁打折的时候去买。"

但是父辈的传奇还远未终结。老布朗选择的股票之一，就是一家每况愈下的纺织厂——位于新英格兰的伯克希尔·哈撒韦公司 (Berkshire Hathaway Inc.)。早在 20 世纪 50 年代末，格雷厄姆就几乎要买下这家企业，可惜最终还是与之擦肩而过。但他的年轻合伙人，同时也是他在哥伦比亚大学商学院时的弟子沃伦·巴菲特 (Warren Buffett) 对此兴趣益然。由于纺织业深陷危机，股票价格也一跌再跌。

到了 20 世纪 60 年代初期，格雷厄姆急流勇退，而巴菲特却有了属于自己的公司。当然，我们现在都知道，巴菲特全盘买下了伯克希尔纺织厂。年轻的布朗指出，他的父亲，当时还在从事股票经纪交易的老布朗，购买了伯克希尔·哈撒韦公司的绝大部分股票，也就是说，巴菲特今天所拥有的绝大部分伯克希尔·哈撒韦公司股份，都曾经属于老布朗。这些股票大多一蹶不振，巴菲特开始以每股不到 8 美元的价格买入。几年后，巴菲特解散了原来的管理层，

---

①又称动量交易，指早期收益率较高的股票仍会在接下来的表现超过早期收益率低的股票。实证研究也表明动量交易策略在市场中并不可行。其中蕴涵的指导意义是趋势性投资：买进超跌股票依然有较大风险，及时调整投资品种，顺应市场变化或许会有更大的投资收益。

开始对公司进行重组，此时，股价已经上涨到 18 美元。时至今日，伯克希尔的股票价格已高达 9 万美元。所以说，布朗家族不仅与格雷厄姆有着千丝万缕的联系，更与他那最出名的弟子巴菲特有很深的渊源。在价值投资这个问题上，任何人都不可能超越他们。

从格雷厄姆、巴菲特及其众多门徒（当然包括特威迪－布朗）的成功，我们可以窥见价值投资的一个与众不同之处，就是在实践中，它的基本原则很少为人们所遵从。是什么让投资者对这些纵横驰骋 70 年的投资方法视而不见呢？投资者永远都不可能做到镇定自若、淡泊名利。在这个问题上，我想，他们的焦虑可能与最初涉足投资时那些曾经让我百思不得其解的问题有关吧。比如说：有一种股票的价格非常便宜，但谁能想到以后是不是还会这样呢？换句话说，企业层次的收益何以驱动二级市场上交易的股票价格呢？ 20 世纪 50 年代中期，美国议员威廉·富布赖特 (William Fulbright) 在格雷厄姆对股票市场进行检验的时候，就曾经向他提出这个问题，即便是格雷厄姆本人也承认："无论是对于我自己还是其他人，这都是个深不可测的奥秘。"但是，他接着说："以往的经验告诉我们，股票的市场价格终将与价值趋于一致。"

本书将会详细地为你剖析这个问题，因此，通过这本书，一切都将不再神秘。在股票投资这个行业里，凭借销售额、利润、现金流或是其他指标去推算股票价值的人比比皆是（笔者也不例外）。如果一只股票长期处于折价状态，基于这样的利润预期，那些目光敏锐的投资者自然不会袖手旁观。由此可见，商业价值是股票价值的基石，也正因为如此，价值投资者才能如此信心百倍。

既然如此，价值投资为什么依然会显得不同寻常呢？布朗认为，这是一个秉性和耐力的问题。在反复无常的市场面前，他既不知道也不可能知道：要真正再现股票的真实价值到底需要一周、一月、一年还是更长的时间。很多人都没有这样的耐心，他们只是急于得到眼前的满足或是同行的认同。

在这个问题上，我们也没有必要浪费口舌，因为很少有人具备这样的耐心，因此，成功的机会也只属于少数人。对于那些真正既有远见又有耐心的人，回报就是最好的证明。而本书则是为数不多，告诉我们应该怎样做的专著之一。至于其他的事情，亲爱的读者们，那就全凭你自己了。

20 世纪末购入微软的投资者既然已拥有了一家伟大的公司，为何还要等上很多年才收回老本？

21 世纪初金融危机中幸免于难的 10 只基金让它们的客户大赚一笔，它们用了什么投资秘诀？

第 3 章　安全边际　29
为你的股票系条"安全带"

保险公司不能保证仅有的一张保单不索赔，你为何还指望靠唯一的一只股票稳赚呢？

赚钱的关键是在股票打折时买进，那么到底打几折才算"物美价廉"呢？

第 4 章　低市盈率　39
给投资者带来贱买贵卖的惊喜

"9·11"事件后人们不敢乘飞机，运输业陷入危机，为何还要买入美国运通的股票？

希拉里实施"医疗卫生国有化"改革，医疗股一蹶不振，为何还可选择强生股票？

第 8 章　套期保值　83

规避外币投资汇率波动的风险

在进行外币投资的时候，为什么股价上涨，你的收益可能降低？

通过赚取套期交易与非套期交易的差额的做法并不可取？

第 9 章　内部人士　89

如果他们买进，你也可以买进

内部人士抛售其所在公司股票的原因有很多，但是购入其股票的原因只有一个，那是什么？

如果内部人士都在回购自己公司的股票，那你还等什么呢？

第 10 章　熊市淘金　97

股市越跌，找到便宜股的机会越大

股市跌幅达 60%，人们谈股色变，为什么巴菲特却十分兴奋？

三里岛核泄漏事件之后，全世界对核能股失去了信心，在一片喊打声中，冒险买入核能股的投资者们是赚了还是赔了？

第 11 章　投资工具　107
利用掘金利器筛选投资候选对象

如何确保你买到的绝对是廉价的质优品，而不是貌似便宜实则价格不菲的冒牌货？

聪明的店主会经常光顾对手的商店，看看他们在卖什么，你为什么不看顶级价值投资者们买什么股票呢？

第 12 章　不碰垃圾股　117
将貌似便宜的冒牌货剔除出投资清单

价格便宜而负债率过高的股票是必须警惕的，但到底多高才是"过高"呢？

如果你 90% 的时间都在消费某种啤酒，为什么不 99% 考虑购买它的股票呢？

第 13 章　资产负债表　129

企业的健康水平如何

为什么传统行业的大公司可以多借一些外债，而科技行业的年轻公司则不行？

第 14 章　损益表　139

企业是赚得多还是花得多

当年，许多投资分析师因未识破安然公司损益表的漏洞而成为其股票追随者。作为普通人，与其迷信这张表，何不干脆抛弃它？

买入低估价值股，然后静候，从此不再让进进出出的股票和起起落落的股价折磨你脆弱的神经，你还等什么？

成为聪明的投资者

每个人都需要投资，但并非只有天才才能成为投资专家。

今天的股票持有者数量比以往任何时候都要多得多。随着越来越多的人开始借助于资本实现财富增值，世界各地的股票市场正在日渐兴旺。但是，到底有多少人真正了解投资呢？我可以肯定地说，这其中的大部分投资者都是只知其然而不知其所以然。

明智理性的投资决策也许会给我们的生活带来巨大的影响：它可以让你轻松惬意地安享退休生活，供养你的孩子读最好的大学，随心所欲地享受生活带来的无穷乐趣。理性投资是一门艺术，也是一门科学，它是价值投资的核心与宗旨，但它绝对不能和高深莫测的航天科学相提并论。事实上，它只需要我们认识一些最基本的原则，而这些原则是任何一个具有一般智商的人都能掌握的。

早在 20 世纪 30 年代初期，价值投资就已经作为一种投资理念被提出。1934 年，哥伦比亚商学院的投资学教授本杰明·格雷厄姆撰写了《证券分析》(Security Analysis) 一书，他在这本书中第一次阐述了价值投资的基本原则，这是最早也是迄今为止最深刻、最出色的投资专著。此后，该书被千百万人阅读。因此，价值投资并不是什么全新的概念，也不是什么天外来物。相反，它只是一个再传统不过的理念。这种投资方法不仅易于理解，而且可以为一般人所接受，更重要的是，它曾经让无数投资者赚得盆满钵满。我坚信，它给投资者带来的收益绝非其他投资策略所能比拟。

价值投资并不是刻板严厉的清规戒律，而是一系列构成投资理念的原则。它为我们指明了哪些股票具有投资价值，同样重要的是，它也能告诉我们应该远离哪些股票。价值投资为我们提供了一种可以评价投资机会和投资经理的模型。尽管我们可以用 S&P 500(标准普尔 500) 指数或是摩根士丹利资本国际指数(Morgan Stanley Capital International Index)[1] 之类的基准参数来衡量投资业绩，但是价值投资却为我们提供了一种评价投资策略的标准。

价值投资何以会有如此高的地位呢？自从我们开始关注历史收益的那天起，价值投资就一直陪伴在我们的身边。大量证据都无可辩驳地指出，价值投资能为我们创造一种能长期超越市场基准收益率的投资回报。事实上，要做到这一点并不难。价值投资把我们从神秘莫测的天际带回平凡真切的现实。但是在铁证如山的证据面前，却很少有几个投资者和基金经理愿意接受这些原则。至于说投资者为何对价值投资的魅力祝而不见，以及价值投资对投资者所具有的指导意义，

---

①由摩根士丹利组织编制的全球股票市场价格变动指数，这一指数是当今国际基金投资和全球组合管理经理运用最为广泛的参考基准，也是广泛被用于进行金融创新的基础产品。

我们将在后文中加以剖析。但是，我们首先需要介绍价值投资者研究和分析市场的基本原则，阐述如何利用这些原则在世界各地的市场上寻找投资机会，帮助你对投资机会作出理性的分析。正如沃伦·巴菲特曾经说过的那样，只要有125的智商，你就可以成为一名成功的投资者。再高的智商便是浪费。

自1969年开始，我就一直在这家由福里斯特·伯温德·特威迪〔Forrest Berwind Tweedy，也被人们称作比尔·特威迪(Bill Tweedy)〕创建的公司里打拼，公司最早创建于1920年。比尔·特威迪是一个性格古怪的人，他似乎更像冷酷无比的电影演员威尔福德·布里姆利(Wilford Brimley)，而和20世纪20年代那些精力旺盛的股票经纪人格格不入。

最初的时候，特威迪到处寻找竞争不太激烈的市场间隙。他的想法就是寻找那些不被人们注意且很少交易的股票。特别是，当一个公司的大部分股权集中于某一个股东或是少数股东的手里。但是在大多数情况下，这些持有大部分股份的少数股东却找不到交易其股票的市场，唯一的脱身之策也只能是通过公司回购。比尔·特威迪从中看到了机会。他想方设法把这些为数不多的买方和卖方撮合到一起。于是，他开始在公司年会上到处寻找自己心仪的股东。特威迪经常给这些股东邮寄明信片，询问他们是否想买卖公司的股份，久而久之，他就成了这些消极交易型股票的专家。

比尔·特威迪总是喜欢伏在拉盖书桌(Rolltop Desk)上工作，他的办公场所位于纽约市的华尔街，办公室里几乎空空如也，既没有助理，也没有秘书。他就这样勤勤恳恳地干了25年。1945年，我的父亲霍华德·布朗及其朋友乔·赖利(Joe Reilly)分别离开了令各自都不开心的公司，和特威迪联手合作；特威迪－布朗－赖利公司由此而诞生。三人决定，继续开展以消极交易为特征的封闭型股票的做市商业务。这些股票的实际交易价格基本低于同类股票的市场价格。

在 20 世纪 30 年代初，特威迪的工作就引起了格雷厄姆的注意，于是，他们建立起了股票经纪关系。1945 年，在特威迪－布朗－赖利公司成立之后，办公室被搬到邻近格雷厄姆的华尔街 52 号。之所以这么做，是因为他们觉得位置上的接近，也许可以帮助他们从格雷厄姆手中得到更多的股票。

在整个 40 年代和 50 年代，公司都处在艰难的挣扎之中，但重要的是，它最终还是生存了下来。1955 年，一直追随格雷厄姆并在 1954 年独自创办投资公司的沃尔特·施洛斯 (Walter Schloss)，搬进了特威迪－布朗－赖利公司所在的办公室，他的办公桌紧挨走廊的冷水器和衣帽架。施洛斯的投资手法是纯粹的格雷厄姆式价值投资。他创造了一个令人瞠目结舌的纪录：在 49 年的投资生涯中，其投资组合的复合收益率接近 20%。在我工作的公司里，尽管施洛斯依旧还保留着自己的办公室，但他本人已经在几年之前宣布退休。在经历了多年的单身生活之后，施洛斯终于在 87 岁的时候再婚。

沃尔特为公司引进了两位关键人物。1957 年，比尔·特威迪和本杰明·格雷厄姆同时退休。但我的父亲和乔·赖利已经习惯了三个人的工作。于是，沃尔特为他们推荐了汤姆·纳普 (Tom Knapp)，格雷厄姆在哥伦比亚商学院任教时，他就曾在那里就读，后来他又成为格雷厄姆公司的投资人。他知道，很多对投资几乎一窍不通的人，都愿意把手里的股票廉价卖给特威迪－布朗－赖利公司，于是，他欣然接受邀请，成为公司的第三位合伙人。他的想法就是把公司打造成一家从事基金管理业务的机构。

沃尔特推荐的第二个人，是格雷厄姆投资公司另一位合伙人：沃伦·巴菲特。坊间传闻，格雷厄姆曾经提出把手中持有的基金移交给巴菲特，但巴菲特的妻子却想回内布拉斯加 (Nebraska) 的奥马哈 (Omaha)。这样，可怜的巴菲特不得不从头做起。

1959 年，沃尔特·施洛斯向我父亲推荐了沃伦·巴菲特，于是，双方在相互信任的基础上，建立了为期 10 年的合作关系，也就是说，巴菲特的合伙人地位于 1969 年结束。在伯克希尔·哈撒韦公司目前所有的股份中，我父亲曾拥有其中的很大一部分。特威迪－布朗－赖利在经纪业务中所拥有的优势，在于它集结了史上最杰出的三位投资者：本杰明·格雷厄姆、沃尔特·施洛斯和沃伦·巴菲特。他们都是义无反顾的价值投资者。

不妨设想一下在杂货店买东西的情形：我们的目的无非是以最低的价钱买到最好的东西。在这本小册子里，我们将为你阐述这些长期成功投资者的基本投资理念。这样，你也许能学会怎样从纷繁混乱的货架上找到质量最好、价钱最低的好东西。

第 1 章

价值投资
买入物美价廉的股票

　　牛排、牛仔裤、汽车大减价让人们蜂拥而上，股票打折时为何无人问津？

　　如果赌博中胜出的 215 只大猩猩来自同一家动物园并非巧合，那么 8 位超级富翁均采用价值投资会是天意？

> 当原本不关注股市的人纷纷大谈股票并跃跃欲
> 试时，股市必跌；当多数人都对股市不抱希望且怨
> 声载道时，就是进场的大好时机。
>
> ——沃伦·巴菲特

在广告促销中，"打折"肯定是最令人振奋、最引人注目的字眼。设想一下你在逛超市时的情形：在鲜肉橱柜前，你发现自己最喜欢的美味食物头等"Delmonico"牌牛排正在打折促销，从平时的 8.99 美元／磅降到只有 2.50 美元／磅。此时，你会作何反应呢？在如此价廉物美的好东西面前，你唯一能做的，也许就是在购物车里塞满这些美味食物。等你下周再来光顾时，牛排的价格已经涨到了 12.99 美元／磅。此时你又会想，这次买点鸡肉或是猪肉也许更划算。大多数的采购方式也不过如此：翻阅一下周末报纸上的促销广告，如果恰好看到自己需要或是喜欢的商品正在打折，便毫不迟疑地买上一点。至于洗碗机或是电冰箱这些价格不算低的东西，不论眼下有多需要，也一定要等到打折那天才肯掏钱。每个节假日，人们都乐此不疲地挤到商场，为的就是不错过每年那屈指可数的几次降价促销活动。当利率下降的时候，他们就会迫不及待地跑到银行或是抵押经纪人那里多借点钱。无论

是买什么东西，大多数人最看重的，还是这些东西是否物有所值。当价格下降时，他们就会多买一点自己喜欢和需要的东西。但是在股票市场上，我们却一反常态。

买股如购物，物美价廉是首选

股市里的热门股似乎总有着令人难以抗拒的诱惑力，总能给我们带来无限的激情，更是人们茶余饭后不可不提的话题。它们是媒体眼里的宠儿，也是财经报道中的主角，权威大腕总会郑重其事地告诫投资者：它们是你们一定要拥有的。它们是未来的救世主！更是当今股市的新典范！每个人都坚信，如果买不到这些令人无比振奋的股票，就会丧失千载难逢的致富良机。痴迷陶醉的不仅仅只有平常百姓，当这些股票升值时，即使是华尔街的研究员们也会摇旗呐喊。即使是在股价跌落时，这些专家们也会故作镇静地奉劝我们不要出手，尽管他们的本意是趁早抛出。毕竟，在股市里，除非遭遇极端恶劣的环境，否则，"抛售"永远都是一个不礼貌、不吉利的词。每个人似乎都觉得应该买进正在上涨的股票，然后在其出现下跌时抛出。

实际上，人们之所以这样做，原因是多方面的：首先，投资者都想买进大家心目中的热门股，唯恐落后一步。此外，当他们意识到别人也会作出同样选择的时候，自己也会感到一丝的宽慰和轻松（这就像同一支球队的球迷一样）。然而，屈服于这种从众心理的不仅仅只有普通的散户，那些专业的基金经理也难过此关。只要自己的投资组合里有每个人都有的股票，即使股价下跌，他们也不大可能被老板解雇。毕竟彼此之间的命运大同小异，只要不是最差的，就可以高枕无忧。这就导致了股市上一种奇特的思维定势：当你赔钱的时候，只要大家都在赔钱，你也会感到心安理得，若无其事。

投资者追捧潮流、随波逐流的另一个原因在于，无论是散户投资者还是专业投资机构，当手里的股票价格或是市场大盘巨幅下跌时，他们都会感到失望懊恼。到头来，他们只能叫苦不迭，并且自认倒霉。而当手里的退休金也在不断贬值的时候，自然也丧失了买股票的兴趣。股市下跌时，肯定会有人赔钱。于是，电视报纸上连篇累牍的报道似乎让人们感到世界的末日就在眼前。投资者更是心惊胆战，惶恐不安。

但无论是买股票、打折牛排还是促销中的汽车，它们本身并没有什么太大的区别：只要有耐心，你就有机会买到价廉物美的好东西。事实上，互联网可以让我们每个人都成为便宜货的受惠者。你可以在英国的书店里买到二手书刊，从加拿大的经销商手里买到便宜的计算机，或是在日本买到打折牛仔裤。于是，卖家在哪并不重要，重要的是你能买到便宜货（比如，eBay 就是一个好去处）。在这个趋于无国界化的世界里，你能光顾的"商店"已经和空间距离毫无关联了。

宁买打折股，不买热门股

股票也不例外。最佳的购买时机就是股票最便宜的时候，而不是因为每个人都想拥有而导致股价居高不下的时候。我的投资生涯已经延续了 30 多年，但不管卖家何在，我的愿望就是能买到打折的股票。对我而言，买进便宜股票就是我的最佳生财之道。至于好企业的折价股票，更是能带来出人意料的超额回报。那些被人们挂在嘴里的热门股，不管有多么浪漫迷人或振奋人心，在它们面前我也不为所动。

热门股（在金融界里则被人们尊称为"成长股"）一向被视作更富于激情、更能吸引人们眼球的投资对象。但问题是，它们是否也是最有利可图的投资对象呢？在投资成长股的时候，投资者希望能找到产品或服务供不应求、增长率让其他企业望尘莫及的公司。成长型投资者总想拥有股市上的宠儿，即那些极具吸引力的热门产品或公司。他们心仪的投资对象是那些在本行业中出类拔萃的佼佼者，或是各自领域独树一帜的创新者。当然，拥有一家快速增长型企业的股票并无过错，问题在于投资者支付的价钱。任何一个企业都不可能实现永久性的增长。飞奔的骏马迟早要驻足休息，超乎寻常的增长注定要停下脚步。当市场扶摇直上时，投资者总是习惯于把赌注下在这些热门股上，并希望其永创高峰。于是，一旦它们停下疾驰的步伐，投资者便会深受其害。

百万富翁诞生于价值投资而不是运气

要了解哪一种投资方法能给我们带来最佳的结果，最好的方式莫过于检验一下共同基金的真实状况。几乎每个人都要通过个人退休金账户（Individual Retirement Account）[①] 投资于共同基金。尽管共同基金多种多样，但最常见的无非是投资于热门公司股票

①一种个人自愿投资性退休账户。所谓"自愿"是指是否购买 IRA 完全是居民个人的决策；所谓"退休账户"，是指这部分资金主要用于投资人退休后的养老用途，即正常情况下，这笔资金只有在投资人退休之后才能够使用。

的成长型基金和投资于打折股票的价值型基金。著名研究服务机构晨星在跟踪基金业绩及分类排名方面一直走在前列。他们按投资策略对基金进行分类。比如说，是投资于小型、中型还是大型公司（也就是华尔街常说的小盘股、中盘股和大盘股），以及偏重于成长型还是价值型。但晨星的统计资料却明白无误地告诉我们，价值型基金的长期回报率是最出色的。同样不可否认的是，这一结论不仅适合于美国境内的投资，同样也适用于对美国境外股票的投资。

在过去的 5 年里，价值型基金的年收益率比成长型基金高出 4.87 个百分点。如果我们想到一两美分的超额收益就足以让那些专业基金经理欢呼雀跃的话，这样的收益差距可以说是基金经理们梦寐以求的。

有些人一直笃信：要想长期战胜市场完全是一项不可能的任务，即便是沃伦·巴菲特、比尔·鲁安（Bill Ruane）[1] 或是比尔·米勒（Bill Miller）[2] 的丰功伟绩也被他们一笔勾销。在他们的眼里，这几个人不过是和幸运之神的不期而遇。他们的法宝就是被诸多大学讲堂奉为至理名言的"有效市场假设"。该理论的基本思想在于，市场上的股票本无所谓"贵贱"，因为市场是理性的，因此，任何一个思维正常的理性人都会按照自己掌握的信息，每天赋予股票一个能反映其内在价值的价格。因此，任何一个打败市场的人，都是彻头彻尾的幸运儿。

但沃伦·巴菲特却另有见解。1984 年，在庆祝本杰明·格雷

---

[1]红杉基金（Sequoia Fund）基金经理。毕业于哈佛商学院，毕业后进入华尔街工作。

[2]雷格－梅森价值基金（Legg Mason Value Trust）的管理者，是当今最受赞誉的股票型共同基金管理人之一。

厄姆与多德（Dave Dodd）合著的《证券分析》（再版于哥伦比亚商学院的 *Hermes* 杂志）发行 50 周年的大会上，巴菲特为哥伦比亚商学院的优等生作了一次价值投资史上最伟大的演讲。在这场名为"格雷厄姆－多德的超级投资者们（The Super Investors of Graham and Dodd）"的演讲中，巴菲特给学生们讲了一个例子：假设全美国的 2.25 亿人每天都要通过抛掷硬币赌上一次，猜对硬币落地的正反面的人将从猜错者手中赢得 1 美元。每天的输家退出第二天的赌注，赢者则进入下一轮。也就是说第二天的参与者全部是前一天的获胜者。20 天之后，将会产生 215 个百万富翁。有效市场假设的信徒也许会告诉我们：任何一个战胜市场的人，不过是这些抛硬币者中的幸运儿之一。

　　但巴菲特先生又给我们讲述了另一个例子：把人换成大猩猩，结果依旧如此：最后的胜利者依然是 215 只毛茸茸的大家伙。但是，假如这 215 只大猩猩都来自同一家动物园，结果又会怎样呢？这不免会让人们猜疑：这些浑身是毛的庞然大物，到底是怎样学得这一身绝技的呢？由此，巴菲特把视线转移到了投资领域，对史上最成功的一些投资者进行了剖析。他发现，有 7 位超级投资大师居然来自同一家"动物园"。巴菲特提到的几位投资家，不是在哥伦比亚商学院曾经师从于格雷厄姆，就是在他的投资公司里工作过。他们都是忠心耿耿的价值投资者，他们无不以格雷厄姆为楷模，义无反顾地推崇以低于价值的价格买进股票的基本思想。更重要的是，他们的投资不仅能凌驾于市场之上，丰厚的回报更让那些坚守成长型策略的同行羡慕不已。

　　实际上，所有这些幸运的抛硬币者都在以不同的方式演绎着价值原理的风范。他们持有的股票各不相同，有人同时持有多家股票，有人在精挑细选之后，只留下屈指可数的几种。他们的组合情况也不尽相同。但是，他们都有一个共同的理念基石，都笃信价值投资的基本原则：买入价格低于价值的股票。由此可见，这绝不仅仅是凭借运气的抛硬币，而是在于买进"打折"的股票。

很多针对价值型投资和成长型投资进行的严谨的学术研究，都给予这一思想有力的支持，某些人甚至称之为"魔力投资"。这些研究令人信服地指出：只要按照这个再简单不过的原则买进最便宜的股票，注定会让投资者无往不利。从1968年到2004年，价值型投资组合的业绩一直令人惊叹。在这些研究中，很多情况下的超额收益率甚至高达几个百分点。但我奉劝你还是不要轻信我的话。在本书后记《那些支持价值投资的人和事》里，你可以简单了解一下有关价值投资的众多实证性研究。尽管你没有必要对这些研究刨根问底，但了解一下它们的内容和结果，肯定有助于我们更好地认识价值投资超乎寻常的力量。

几个百分点的超额收益率或许不那么扎眼，但它却可以对你的净资产带来巨大的影响。假设你把1万美元存入退休金账户，如果按8%的年复合利率和多数人退休之前的工作年限30年计算的话，等到退休的时候，你就可以为自己攒下一笔10万美元的退休金。这当然是一笔相当可观的钱！但是，假如你让这笔钱按11%的复利增值的话，30年后就可以暴增到22.9万美元。显而易见，这肯定会让你的退休生活发生天翻地覆的变化。购买打折的牛排、汽车或是牛仔裤可以为你节约支出，同样，购买"打折"的股票也可以让你口袋的钞票越滚越多。

1.股票并不仅仅是一个交易代码，而是一个实实在在的企业。股票未来表现的好坏，是由其背后公司业务的好坏决定的。企业的内在价值并不依赖于其股价。

2.市场就像一只钟摆，永远在短命的乐观（它使得股票过于昂贵）和不合理的悲观（它使得股票过于廉价）之间摆动。聪明的投资者则是现实主义者，他们向乐观主义者卖出股票，并从悲观主义者手中买进股票。

3.每笔投资的未来价值都是其现在价格的函数，你付出的价格越高，你的回报就越少。

财富点津

第 2 章

价值 VS 价格
猎取低估值股票

20 世纪末购入微软的投资者既然已拥有了一家伟大的公司，为何还要等上很多年才收回老本？

21 世纪初金融危机中幸免于难的 10 只基金让它们的客户大赚一笔，它们用了什么投资秘诀？

> 股票价格距真正的价值很远，这就创造了赚钱的良机。
>
> ——乔治·索罗斯

价值投资的美妙之处体现于它在逻辑上的简洁性。它基于以下这样两个再简单不过的原则：价值的多少（内在价值）和永不赔钱（安全边际）。早在 1934 年的时候，本杰明·格雷厄姆就明确提出了这些概念，但时至今日，它们的魅力依然不减当年。

最初的时候，格雷厄姆只是一名信贷分析师（Credit Analyst）。银行家放出贷款的时候，他们首先要看一下借款人用作贷款偿还保证的抵押品。之后，他们还要了解借款人用来支付贷款利息的收入。如果借款人的年收入为 7.5 万美元，并用价值 25 万美元的住宅借取 12.5 万美元的抵押贷款，这笔买卖对银行来说是相当安全的。相反，如果借款人的年收入为 4 万美元，并准备用 32.5 万美元的住宅做抵押，来借取 30 万美元的贷款，贷款就不那么安全了。格雷厄姆就是用这样的原则进行股票分析的。

但股票不同于房屋。当你申请抵押贷款的时候，银行会派一名房地产估价师对你想购买的房屋进行估价。同样，股票估价师也需要像房地产估价师那样，尽可能准确地估算出一个企业的价值。由此出发，格雷厄姆提出了内在价值的定义。内在价值就是掌握充分信息的理性买方与理性卖方通过协商进行公平交易时，买方为购买一个企业需要向卖方支付的价款。

高估股票价值可能导致"永久性资本损失"

尽管无论是个人投资者还是专业投资机构，都很少关注股票的内在价值，但它的重要性却是毋庸置疑的，原因有二：首先，它可以让投资者认识到，和购买整个公司的买方所支付的价款相比，股票的当前市价是否便宜；其次，它可以让投资者了解手中股票的价值是否被高估。如果你想不赔钱，这个高估的部分就显得尤其重要了。

1999 年底，微软公司的股票市价飙升至新高 58.89 美元。在截至 1999 年的 7 年之间，微软的每股收益从最初的每股 8 美分飞涨到每股 70 美分，增长率达到了 775%，毫无疑问，这样的增长速度绝对令人难以置信。但是，在 1999 年底时，它的股票真的能达到 84 倍于收益这样一种价值吗？显然不能。

在随后 6 年里，微软的每股收益继续增长 87%，达到了 1.31 美元。尽管这仍然是一个令人羡慕的增长率，但是和微软公司在整个 20 世纪 90 年代所经历的飞速增长相比，这个数字还是要逊色得多。最终，到了 2006 年的第一季度，微软的股票交易价格大幅跌落到只有 1999 年 12 月 31 日的一半，而市盈率也从高于 75% 的峰顶跌落到只有 20% 左右。显然，对于在 1999 年底购买微软股票的投资者来说，他们的确拥有一家伟大公司的股票，但是要收回老本恐怕还要等上很多年。

哥伦比亚大学的教授路易斯·洛文斯坦 (Louis Lowenstein) 对此进行了调查。他想知道的是，到底有多少专业投资者在 1999～2003 年的"金融风暴"中幸免于难。在此期间，纳斯达克综合指数（NASDAQ Composite Index）大起大落，先涨后跌，但最终实现反弹的却寥寥无几。到底是哪些基金经理最终逃脱了这场由盛而衰的灾难呢？事实证明，只有那些远离高科技、电信和媒体股或是安然（Enron）、世通（WorldCom）的投资者，才是最终的幸运儿。(颇具讽刺意义的是，这些热门股恰恰是当时无数投资者心目中的宠儿。)那么，他们究竟是怎么做的呢？洛文斯坦发现，和所有主要美国股票指数相比，10 种价值型共同基金的年综合收益率要高出 10.8%，而在这 10 种基金中，只有一家基金持有上述的所谓热门股，而且持有期限非常之短。

显然，当时的热门股绝对不是按内在价值原则确定的。但这 10 种基金却一直坚守价值投资原则，结果不仅让股东避免了巨额亏损，甚至是在连指数基金都一样赔本的情况下，让自己的股民大赚一笔。

2000 年 8 月的《财富》(Fortune) 杂志上出现了一篇名为《10 年不倒的 10 只股票》的文章。他们所推荐的 10 只股票 (文中把这些股票描述为"拿在手里就可以不管不问"，但能让你"一劳永逸，安享晚年"的股票) 分别是博通（Broadcom）、嘉信理财 (Charles Schwab)、安然、基因泰克(Genentech)、摩根士丹利 (Morgan Stanley)、诺基亚（Nokia）、北电网络（Nortel Networks）、甲骨文 (Oracle)、悠景科技（Univision Technology）和维亚康姆（Viacom）。

洛文斯坦发现，到 2002 年底，这 10 种股票的平均亏损率为

80%。即便是大盘在 2003 年出现反弹之后，总亏损率依然达到了 50%。如果你不在乎住着帐篷、吃着冷罐头度过退休生活的话，购入这些股票倒也无妨。

为什么说内在价值如此之重要呢? 难道说，股价的涨跌与其内在价值毫无干系吗? 股票价格更多时候是偏离其内在价值的，这自然是不争的事实。有些投资者喜欢借助股价趋势去把玩市场，我们称之为"大势投资"。当一种股票处于上涨期时，他们就会顺势买入，并且希望能在下跌前及时出手。但是，这样一种投资策略所需要的知识和预见力，也许只有神仙才有，绝非是普通人所能做到。

内在价值的重要性在于：它可以让投资者充分利用股票定价的暂时性偏差。如果一种股票的市场价格低于其内在价值，市场最终必将认识到这一偏差的存在，并促使市场价格上升到反映其内在价值的水平。在这种情况下，公司也可以选择按其内在价值进行出售，而公司掠夺者 (Corporate Raider，在公司股票价格下跌时，通过购入其股票而进行恶意公司收购) 也有可能趁此大肆买入股票，以基本反映公司内在价值的价格进行公司收购。

一旦股票价格偏离其内在价值，它就有可能让人们陷入到"皇帝的新装"之中，对眼前的危机视而不见。2000 年春天的股票市场就可以让我们对此略见一斑：当时，所有高科技股、媒体股或是电信股都在扶摇直上，股票泡沫充斥了整个市场，并且日渐膨胀。实际上，投资者都清楚地认识到，这些新生代的网络股根本就不可能演化成真正的行业，更不可能创造真正的利润，去承载如此之高的股票价格。最终的结果可想而知：转瞬之间，市场就对这些被视为"必不可少"的股票进行了大幅重估，股价就此一落千丈。

这种股票市场对高估值股票进行重估所产生的结果，格雷厄姆和我称之为"永久性资本损失"(Permanent Capital Loss)。对于一个普通的公司而言，如果其股票正处于常规性下跌，你可以高枕无忧地认为，股票价值依然能抵得上你的投资，而且总有一天，价格肯定要再度反弹。但是如果一种股票的价值一直被市场高估，当其股价崩盘时，历史告诉我们：重返以前被高估的价格几乎是不可能的。

那么，对于那些以每股 140 美元购买捷迪讯光电 (JDS Uniphase) 股票的投资者来说，面对今天只有每股 2 美元的惨淡现实，他们还有可能看到手中的股票重返 140 美元吗？历史的回答是否定的。因为这已经成为不可恢复的永久性资本损失。这种情况并不少见。20 世纪 90 年代的互联网泡沫就是眼下最有代表性的例证。早在 20 世纪 70 年代就曾经出现过类似的情况，当时，投资者一窝蜂地追捧那些被标榜为"漂亮 50"(Nifty Fifty) [1] 的成长型大公司，以至于股价高得令人不可思议。尽管这些股票大多以实体业务为主，严格区别于 20 世纪 90 年代的虚拟型网络股，但亏损率依然超过了 70%。

用模型法和评估法确定股票内在价值

我是怎样确定一种股票的内在价值呢？从广义上说，我们可以通过两种方法确定股票的内在价值。

第一种方法具有高度的统计特征，它涉及一系列财务比率，

---

[1]最初源于 20 世纪 70 年代美国《福布斯》(*Forbes*) 杂志的一个脚注，此后成为"最值得拥有的股票"的代名词。

这些比率具有良好的价值揭示功能。选取那些市场表现优异的股票，我们可以根据这些股票所具有的特征构建一个模型，用于识别市场上价格低廉，同时又具有巨大增长潜力的股票。

应该说，这种方法与政府雇员保险公司（GEICO）[①]筛选合格司机的方法并无区别。它首先需要针对拥有良好驾驶记录和不良驾驶记录的司机，分别收集相应数据，并以此来重建一个示范或模型，以说明好司机应具备的特征。

如果政府雇员保险公司发放汽车险保单的对象仅限于 35～55 岁的司机，同时，这些司机居住在市区，但乘坐公共汽车上下班，没有已达到驾驶年龄的子女，拥有并驾驶多气囊的沃尔沃汽车，那么，和那些向驾驶跑车的年轻人签发保单的保险公司相比，他们所需理赔的事故自然就少得多。由此，我们也可以构建一个适用于股票的评价模型。

第二种确定股票内在价值的方法，我姑且称之为评估法。按照这种方法，需要假设买方通过公开拍卖购买公司时愿意支付的价款，对具体企业的股票价值进行估算。也就是说，它几乎完全近似于我们在出售房产时采用的定价模式。

你会向几个熟悉周遭房产最新行情的房地产经纪人咨询一番，让他们帮你估计一下房产的报价。这与公司董事会投票决定公司出售价格的情形如出一辙，只不过他们的经纪人有个更悦耳的名字：投资银行家。于是，这些投资银行家开始搜罗同行业或是相关行业近期的公司收购信息，并据此对某一公司的价值进行评估。

---

①沃伦·巴菲特旗下的伯克希尔－哈撒韦公司的子公司，被标准普尔公司评为 AAA 信用等级的保险公司，总部位于华盛顿。

充分利用市场心理特征挖掘低估值股票

在完全理想的股票市场上，所有股票都是按照其内在价值进行交易的。然而现实却远非理想，但这也没什么坏处。至少它给我们带来了投资的机会。很多原因导致股票的市场价格偏离其内在价值，而且这种偏离的程度往往会超乎我们的想象。

大多数投资者的投资意向源于情感上的喜好和心理作用，这些完全主观的情感和心理特征可以说是变幻莫测的，从彻头彻尾的悲观主义到忘乎所以的乐观主义，几乎无所不包。而这些情感因素又驱动人们对股票价格近乎疯狂的高估或低估。而对于理性的投资者来说，他们的任务就是及时识别这种高估或低估的情形，并充分利用市场的心理特质去驾驭市场。

沃伦·巴菲特曾经说过这样一个故事：有两个人经营着一家日用品商店，而他们的主要竞争对手则精明过人，后者一直想按每股 10 美元的价格收购他们的公司，这个价格也基本反映了公司的内在价值。但合伙人 A 却是一个非常情绪化的人，他认为，公司的未来肯定会出现翻天覆地的改变。有一天，公司突然接到沃尔玛的一个订单，这让他狂喜不已。在他看来，公司业绩突飞猛进的时机已经到来，于是，他提出按每股 15 美元的价格收购合伙人 B 持有的股份。但是到了第二周，沃尔玛和西尔斯同时削减了订单数量，这又让他沮丧不已。他觉得这样下去，自己的资产必将损失殆尽。于是，他又提出按 5 美元的价格把自己手里的股份转让给 B。

事实上，这种情况并不少见。如果合伙人 B 能保持冷静、静观其变的话，他就可以充分利用合伙人 A 的焦躁情绪和不理智的做法，既可以按溢价把自己的股份卖给 A，也可以按折价买入 A 的股份。由于合伙人 B 不可能影响和左右 A 的情感和心理，就像投资者不能影响股票市场的心理特征一样，他只能坐等时机，等着合伙人对市场作出一系列的过激反应，并据此判断是否有利于自己。这就是理性投资者应该做的事情：要有足够的耐心，去洞察市场的一举一动，一旦市场上出现低于其内在价值的股票时，要不失时机地买进这些物超所值的股票。

　　1.理性的投资者没有理由抱怨股市的反常，因其反常中蕴藏着机会和最终利润。

　　2.投资的精髓，不管你是看公司还是股票，要看企业的本身，看这个公司将来五年十年的发展，看你对公司的业务了解多少，看管理层是否值得信任，综上考虑，如果股票价格合适你就持有。

财富点津

第 3 章

安全边际
为你的股票系条"安全带"

Belts and Suspenders for Stocks　Belts and Suspenders for Stocks　Belts and S

保险公司不能保证仅有的一张保单不索赔，你为何还指望靠唯一的一只股票稳赚呢？

赚钱的关键是在股票打折时买进，那么到底打几折才算"物美价廉"呢？

> 股票价格低于实质价值，此种股票即存有"安全边际"，建议投资人将精力用于辨认价格被低估的股票，而不管整个大盘的表现。
>
> ——本杰明·格雷厄姆

本杰明·格雷厄姆是一个谨小慎微的投资者，他总是用最保守的方法去挑选股票。他的投资原则就是一定要买进价格低于价值的股票。一旦认为通过内在价值可以确定公司的价值，他就会把这个原则运用于投资领域，从而获得优于市场的超额投资收益。

他曾经是一名信贷分析师，如果一家公司的价值是 X，他的期望投资价格就必须小于 X。和银行家一样，他也要寻找自己的安全边际（Margin of Safety）[1]，也就是贷款"抵押"。如果他的分析不正确，或者因某些无法预知的事件而导致这个公司的价值降低，他就需要为自己找到一个缓冲器。他必须为自己购买的股票找到"安全带"。这个安全带的基础在于，如果能按低于这家公司任一理性买家所能接受的价格买进该公司的股票，就为自己找到了一个安全边际。这既是可靠的贷款原则，也是可靠的投资原则。

---

①价值投资领域的核心概念，指价值与价格相比被低估的程度或幅度。

寻找购买股票的安全边际

不妨设想一下：在格雷厄姆之前，投资领域主要由投机者和股票操盘手构成。但是，任何一名投资者，只要能遵循他的投资原则，就有可能避免 1929 年股市崩盘带来的灾难，同样，真正的价值投资者也不会让自己身陷 2000 年的股市泡沫。正如沃伦·巴菲特送给我们的建议：投资的第一原则是永不赔钱，第二个原则就是要严守第一原则。

大多数公司的净资产或内在价值会随着时间推移而增加。如果内在价值就是你的投资基准，你就可以借助于以下两种方式赢利：首先，你所持有的股票价值会在持有期之内不断增长；其次，如果股票价格从低于内在价值的水平增长到内在价值，你就会处于双赢的境地。

当你全额支付股票价款的时候，即按内在价值购买股票，你的未来收益就只能局限于公司的内部收益率以及公司可能支付的股利。如果你把 S&P 500 指数视作一个拥有 500 家分支机构的聚合体，你就会发现，从长期上看，其收益的年增长率在 6% 左右，而其中的 3% 来自 GNP 的增长，另外的 3% 则源于通货膨胀。因此，如果把 S&P 500 指数看作一个独立的公司，其内在价值的年增长率就是 6%。此外，这个名为 S&P 500 的公司还会支付股利。从以往的情况看，S&P 500 的股利支付率为 3% ~ 4%。如果把长期的收益增长率 (6%) 和股利支付率 (4%) 综合到一起，你对 S&P 500 的投资就可以实现 10% 的长期综合年收益率。这就是指数基金投资者所能期待的长期收益率。事实上，只要他们持有指数基金的时间足够长，就完全可以拿到这笔收益。

但投资于股票却不同于把钱存入到一个年利率为 10% 的储蓄账户之中。对股票投资而言，各年度之间的收益往往是起伏不定的，有时甚至会出现明显的偏离。因而 10% 的年增长率，是多年以来繁荣增长的年份和萧条萎缩的年份的平均值。也许你希望能找到一种经久不变的机制，总能让你在股价走低时，不失时机地进入市场，当股价封顶时又能抽身而退。不管怎么说，在股市周期中，在股价触底时购进股票所能实现的收益率，总能高于股价处于高位时购进股票所能达到的收益水平。

按等于或低于其内在价值 2/3 的价格购入股票

尽管格雷厄姆并未声明自己的原则是否适合广义的股票市场，但他还是提出了一个用于判断股票价格贵贱与否的公式。他就是借助于这个公式去选择每一只股票的。

从本质上看，格雷厄姆的出发点就是按内在价值的 2/3 甚至更低的价格购入股票。这就是他心目中的安全边际，也是其股票的"安全带"。之所以说它是安全边际，原因是多方面的：首先，如果他对内在价值的估计正确的话，即使股票价格上涨 50%，也不会导致其处于高估状态；其次，即使股票市场遭遇不测，你依然可以做到悠然自得，因为你心里很清楚，自己所拥有股票的价值归根结底还是多于你为之所付出的代价。

与盲目地买入股票或是指数基金相比，安全边际所带来的优势是显而易见的。多年以来，在我们的总体收益中，购入股票的安全边际所带来的收益贡献值要远远高于企业基本价值的潜在增长所带来的贡献。假设我们按 6.50 美元的价格购入 ABC 冰激凌公司的股票，并且坚信股票的内在价值为 10 美元，那么，我们就可以拥有 3.50 美元的潜在收益。公司业务在我们持有这只股票的期间增长了 10%，导致股票价值达到 11 美元，那么，我们就可以享有更大的潜在收益。但是对于这笔收益中的绝大部分，归根结底还是因为我们最初能以低价购入这种股票。如果一个投资者以 10 美元的价格购入这种股票，他的潜在收益也许就只有 1 美元。因此，对于价值投资者而言，用 66 美分去买 1 美元的股票就是他们创造财富、战胜市场的秘诀。

远离高负债率企业

按低于内在价值的价格购买股票不仅可以为持有这种股票提供一种保险，它也是一种制约机制，促使你有所为，有所不为。比如，我们需要规避那种负债与净资产的比率较高的企业。而有了这种安全边际，就可以保证企业能在经济萧条等恶劣的经济环境下幸免于难。也许我们都曾经体验过，很多人习惯于凭借有限的房产获得最多的贷款，总能让信用卡的透支能力发挥到极致。事实上，他们只是在借新债还旧债，拆东墙补西墙而已。还有一些人却习惯于未雨绸缪，总为自己留下一笔防范不测的资金。那些依赖借债度日的人，一旦失业就会失去一切，当然也包括他们的居所。而那些为自己留下救命钱的人，却可以让自己在找到工作之前渡过难关。如此的境况同样也适合于公司。举借大量债务导致收益难以抵消利息的企业，显然比资产负债表上拥有充足现金的企业更危险。其中的关键在于是否存在一个缓冲的余地，或者说安全边际，帮助我们或是企业渡过那些不可避免的难关。

高负债率的另一个弊端在于，作为债务方的个人或企业不得不把主导权拱手转让给债权人。在形势一片大好的时候，你也许能轻而易举地借到钱。但是，在形势恶化的时候，也就是你最需要钱的时候，却往往也是银行最有可能催你还钱的时候。当一个企业依赖借债去支付日常费用的时候，或是一个人用借来的钱去购买溢价股票的时候，也就失去了主宰自身命运的权利。此时，贷款人可以随时告诉你：游戏已经结束，你需要还钱了，除此以外你别无选择。

建立多样化投资组合

安全边际还意味着多样化。和格雷厄姆一样，我也主张在所持股票的数量以及投资行业方面，尽可能去建立一种充分多样化的投资组合。个别股票和某些行业总会随着时间的推移而出现波动。这种不利的情形很难预见，但又不可避免。而我们又往往把未来想得无比美好。因此，逆境的到来自然会让我们感到出乎意料。我们将其称为"意外的负面事件"（Negative Event Surprises）。事实上，意外随时都会发生，不管事先的计划多么周全，也无法让我们彻底摆脱意外的侵袭。如果我们真能做到料事如神，那么在每年1月1日那一天，我们就可以挑出来年表现最好的两只股票。如果真能一如既往地做到这一点，我们的投资将无往而不胜。到了那个时候，我们真希望拿出自己的全部家当去赌一把。

但有些事却是说起来容易做起来难！在任何一个既定的年份里，每一种股票投资组合都有自己的赢家和输家。所有人都不赔钱几乎是不可能的，问题的关键在于是赢家多还是输家多。

这个问题似乎与保险业有着异曲同工之处。保险公司不仅要想方设法判断潜在风险的大小，与此同时，他们还需要清醒地认识到，自己不可能永远做到 100% 的正确。如果一家保险公司每年只签发一张保单，而这个保险客户又没有提出索赔，那么，这家保险公司真的可以去做侦探业务了。但是，如果这个客户出现意外事故，保险公司就遇到麻烦了。这也就是保险公司需要大量发放保单的缘故吧。他们需要把事故发生率控制在按既定选择标准确定的平均水平上，以防自己陷入无休止的索赔旋涡中。这个原则同样也适用于股票。尽管我们一直千方百计地想远离那些可能贬值的股票，但意外事故总是无法避免。通过投资组合的多样化，我们就可以为自己提供一份保险：即便某只股票彻底崩盘，也不至于让你倾家荡产。

那么，到底何种程度的多样化才算合适呢？这个问题的答案在于你对风险的承受能力和忍耐力。当然，一个投资组合至少应该包括 10 种股票。只要符合自己的标准，50 只甚至是 100 只股票也没有什么不妥之处。你需要反问自己的是：假如其中有一家公司破产，我是否能轻松摆脱它的干扰呢？

在大多数人买入时抛出

为投资设置安全边际的最后一个优点，同时也是它最大的优点在于：可以让你做到与众不同。当然，在投资中，要真正做到一反常规、独树一帜并不容易。报纸、电视、朋友的意见或是所谓专家的观点，无时无刻不在影响着我们的意识。显然，买入股票的最佳时机就是股票最便宜的时候。但是，当股票最便

宜的时候，我们又有无数的理由不去买入。这不禁让我回想起
1973 年和 1974 年的情形：曾经在 20 世纪 60 年代末和 70 年代初
风靡一时、被人们标榜为"漂亮 50"的那些成长型股票，两年之
内急转直下，以至于让大盘股指数下跌了近 50%。更糟糕的是，
美国油价大幅上涨，让原本恶劣的经济形势更是雪上加霜。在这
种情况下，价值投资者却像白痴一样疯抢，与此如出一辙的是，
1981 年，卡特政府执行的错误经济政策导致美国利率扶摇直上，
这时只有傻子才会购买股票。但 1974 年和 1981 年之后的几年，
却是千载难逢的投资年份。

　　按照价值投资的基本原则，只要股票足够便宜，你就应该买
进，把一切嘈杂和喧嚣抛在脑后，充分抓住股票打折的良机。反
之，如果股票价格居高不下，而且市场估价已经达到甚至超过其
内在价值，它的安全边际也就不复存在了，此时的唯一选择就是
及时抛出。尽管别人或许会认为你发疯了，因为每个人都在买进，
只有你一个人在抛出，但千万不要为此担心。这正是一个成功投
资者所应该采取的策略。这两个简单的投资原则：内在价值和安
全边际，恰恰可以给我们勇气，当然还有信心：熊市买进牛市抛，
这就是我们应该遵循的最佳投资方式。

1. 架设桥梁时，你坚持桥梁载重量为 3 万磅，但你只准许 1 万磅的卡车穿梭其间。相同的原则也适用于投资领域。

2. 无论如何谨慎，每个投资者都免不了会犯错误。只有坚持"安全边际"原则，即无论一笔投资看起来多么令人神往，永远不要支付过高的价格，你才能使你的犯错概率最小化。

3. 创造出诱人的风险回报率的方法之一是：通过投资拥有巨大安全边际的情形来限制风险。尽管上涨风险也难以量化，但它通常都会改善风险回报率。换句话说，当你最初作出投资决定的时候，你应当关注下跌风险，而不是上涨风险。只要不亏钱，那么再糟也糟不到哪里去。

第 4 章

低市盈率
给投资者带来贱买贵卖的惊喜

Buy Earnings on the Cheap　Buy Earnings on the Cheap　Buy Earnings on the Ch

"9·11" 事件后人们不敢乘飞机, 运输
业陷入危机, 为何还要买入美国运通的股票?

希拉里实施 "医疗卫生国有化" 改革,
医疗股一蹶不振, 为何还可选择强生股票?

> 从不购买价格并不明显低于公司价值的股票。
>
> ——沃伦·巴菲特

对于成功的投资而言，一个能经得起实践考验的方法就是在市价收益比（市盈率，P/E）最低时买进。因为只有收益才是公司偿还全部债务之后的余额。本杰明·格雷厄姆曾经指出，收益是驱动股票价格变动的主导性因素。如果我们能接受这个真理，并一如既往地按照这个原则去做，那么，在购买股票的时候，支付的价款相对于收益越低，未来的收益水平就会越高。此时，唯一需要你做的，就是通过比较不同公司之间的市盈率以及更具普遍性的股票市场指数，从而对股票的价格收益情况作出权衡。

用市盈率衡量收益

要确定市盈率并不难。市盈率也就是公司股票价格与利润（一般表现为每股收益）之比。如果 ABC 冰激凌公司去年的收益为 100 万美元，外部流通的股票数量为 100 万股，那么，每股收

益率 (Earnings per Share，经常称为 EPS) 就应该是 1 美元。如果
股票价格为 10 美元，市盈率则为 10；如果股票价格为 20 美元，
市盈率则为 20。有些投资者喜欢把市盈率的倒数称为赢利率
(Earnings Yield)。它体现了公司以现金作为股利支付全部收益，
而不是重新投资于公司时，你所能得到的回报。赢利率等于每
股收益除以股票价格。如果一只股票的市盈率为 20，那么它的
赢利率就等于 5%；如果市盈率达到 40，赢利率就下降到 2.5%。
也就是说，市盈率越高，赢利率就越低。

　　赢利率这一概念的意义在于，它可以帮助我们对投资机会进
行比较。格雷厄姆就是这样做的。比如说，一只按 10 倍于收益的
价格出售的股票，其赢利率应该是 10%。对比收益率为 5% 的 10
年期国库券，你的收益能力显然高出一倍。如果你购买 1000 美
元 10 年期国库券的话，每年可以得到 50 美元的利息，并在 10 年
到期之后收回本金。显然，任何东西都没有实实在在的美元钞票
更安全。但这其中存在一个要注意的陷阱。假如这 10 年的年通货
膨胀率为 3% (这一数字接近历史平均水平，20 世纪 70 年代和 80
年代的通货膨胀率较高，但在进入 21 世纪的前 5 年里，通货膨胀
率则略低于 3%)，这 1000 美元 10 年期国库券在 10 年之后却只相
当于今天的 737 美元 $[1000 \times (1 - 3\%)^{10} = 737]$。也就是说，对于
你投资的这笔国库券，即使按照目前相当平稳的通货膨胀率计算，
其购买力也下跌了 26.3% $[(1000 - 737)/ 1000 = 26.3\%]$。

　　假如你购买一只市盈率为 10 倍的股票 (赢利率为 10%)，如
果公司在理论上把全部收益均支付给股东，那么，你的收益就会
翻一番。事实上，很少有几家公司会这样做。相反，他们会把一
部分收益以股利的形式发放给股东，把其余部分再投资于企业，

以便于为公司增长提供资金。企业的另一个优势在于，他们可以把通货膨胀带来的成本转嫁给顾客。例如，ABC 冰激凌公司可以在不增加冰激凌销量的情况下，只需要提高售价就可以抵消通货膨胀带来的货币贬值。假如每投资 10 美元可以得到 1 美元年收益的话，那么，考虑通货膨胀的影响，这 1 美元在 10 年之后的购买力就相当于 1.34 美元 $[1×(1+3\%)^{10}=1.34]$。如果市盈率不变，股票的价格就应该是 13.40 美元。

通常，企业收益的增长依赖于通货膨胀率和经济增长率，从以往的情况看，通货膨胀率均在 3% 左右。如果综合考虑通货膨胀率和经济增长率的作用，那么，通货膨胀率加上总体经济增长率的综合作用，意味着最初的 1 美元将按 6% 的年增长率增值。因此，10 年后的每股收益应该是 1.79 美元 $[1×(1+6\%)^{10}=1.79]$；在市盈率保持不变的情况下，如果投资于这种股票 1000 美元的话，10 年之后的价值应该是 1790 美元。

为什么说这对你的财务安全和稳健至关重要呢？其原因在于，如果通货膨胀率为 3%，要保证今天投入的 1000 美元具有相同的购买力，它在 10 年之后的价值就必须达到 1344 美元。当然，国库券永远也做不到这一点，但股票却能做到。

无论我们从市盈率的角度还是赢利率的角度去考虑收益，道理都是一样的。华尔街的股票分析师一般从两个方面来认识市盈率：首先是当前市盈率 (Trailing P/E)，即股票价格除以最新一期或过去四个季度收益的比值；其次是预期市盈率 (Forward P/E)，即股票价格除以分析师预测的次年或未来四个季度公司收益的比值。大多数股票的交易是以市场对公司未来收益水平的判断为基础的。过去就是过去，也只能永远留在我们的记忆中。沃伦·巴菲特曾经指出，以当前市盈率为基础进行投资决策，就如同盯着后视镜开车。

华尔街分析师的过往交易记录在预测收益方面的准确性很有限，即便是在最理想的情况下，也会漏洞百出。投资家大卫·德莱曼 (David Dreman)[①]对股票分析师在 1973 年到 1993 年期间做出的 78 695 个季度预测结果进行研究，他发现，分析师的预测值与实际数额的误差不超过 ±5% 的几率只有 1/170。企业的收益情况总是出乎人们意料：有的赢利颇丰，有的则经营惨淡，一赔到底。如果你真能预见未来的话，你肯定会赚个盆盈钵满。至于格雷厄姆，他所关注的，就是寻找那些过往收益记录较为稳定且具有一定可预测性的企业，而不是像市场分析师那样，一味徒劳地去预测所谓的未来收益值。认识到这一点，我们就可以按照经计算、审计并最终提交给股东的收益情况，去购买最便宜的股票。

不管牛市熊市，认准低市盈率就是"好市"

多年以来，大量的研究对以低市盈率和高市盈率为参考 (高成长型公司和市场宠儿) 去购买股票的收益情况进行了检验。从 1957 年至今，所有针对从 5 年期到 20 年期的收益情况的研究均表明：买入价格越低，股票在市场上的受重视程度越低，该股票的收益越大。这种情况适用于所有发达国家中的各个行业。不过，我奉劝你还是不要轻信我的话。你还是看一下本书后记《那些支持价值投资的人和事》中提到的研究结果为好。有了这些研究成果，不管市场形势有多么严峻，也不管你身处什么样的逆境，

①德莱曼价值管理公司 (Dreman Value Management) 董事长兼首席投资策略师。

你都会义无反顾地坚守自己的投资原则。就我所知，强调贱买贵卖的价值投资，便是让手里的储蓄不断升值的最稳妥方式。当然，这并不是因为我这样说，而是因为它已经为实践所证明。过往数十年间的无数学术研究，已经一而再、再而三地验证了这一点。

多数大型公司公布的收益都可以成为我们选择股票的出发点，不过，这也仅仅是出发点而已。因为这些数字往往具有误导性，而且有可能包含着大量掩饰公司真实收益的以往费用和收入。有些财务专业人士喜欢用现金流或是经营利润。现金流是财务报告披露的收益加折旧、摊销等所有非现金支出后的收益。而自由现金流则是扣除维持公司资产所需的资本性支出后的现金流。换句话说，如果你拥有一家公司，你每年需要拿出多少钱，才能维持公司的正常营业呢？这就是你所需要的资本性支出。

此外，我还从潜在收购者尤其是杠杆收购（Leveraged Buyout）① 公司的角度出发，对低市盈率股票的价值进行了剖析。当一家公司准备收购其他公司的时候，它不仅要看对方的自由现金流，还要了解该公司在扣除利息和所得税前的利润。这也是衡量一家公司收益水平的最佳指标。利息费用只是公司债务水平的函数，因此，收购人可以选择继续保留债务或偿还债务，但最值得关心的却是一个企业所能创造的现金量。专业人士称之为息税折旧摊销前利润(EBITDA)，它是一个企业可以用来支付利息或进行再投资的最高现金额。当一家公司被杠杆收购公司收购时，该杠杆收购公司通常依赖大量负债为收购进行融资。通过 EBITDA，我们可以衡量公司可用来偿还该债务的现金量。

---

①即某一企业拟收购其他企业，进行结构调整及资产重组时，以被收购企业的资产和将来的收益能力作为抵押，筹集部分资金用于收购行为的一种财务管理活动。

　　在我的投资生涯中，低市盈率投资法所带来的投资良机比比皆是。基于这种分析，你在 1999 年可以按 39 美元的价格买进纽约公共银行 (Republic New York) 的股票；但仅在三个月之后，汇丰银行 (HSBC) 就以 72 美元的价格收购了该银行。实际上，在过去几年里，股票市盈率低于 10 的公司不乏大通曼哈顿 (Chase Manhattan) 和富国银行 (Wells Fargo) 这些耳熟能详的名字。

　　如果从经营角度对拥有低市盈率股票的企业进行评价，并假设买方为理性投资者的话，即便是在 "9·11" 事件导致整个运输业陷入危机之后，价值投资者也一样可以买入美国运通 (American Express) 的股票；即便是在 1993 年，当所有人都认为希拉里·克林顿准备对医疗卫生产业实施国有化改革，并将导致医疗产业股票一蹶不振的时候，强生的股票也同样可以成为投资者的选择。

　　无论是牛市还是熊市，买入低市盈率股票的投资策略都能行得通。纵然是在熊市里，收获也只不过需要你多等上一段时间而已。但低市盈率策略的最大优势在于，它会促使你在股价走弱同时又担心股价即将走强时及时买入。20 世纪 70 年代初，股市泡沫急剧暴涨，石油价格直线飙升。

　　到了 80 年代初期，卡特政府的经济政策失误又让美国经济陷入了一场灾难。在此期间，我亲身经历了一生中最高的通货膨胀率。为了抑制居高不下的通货膨胀，联邦储备银行主席保罗·沃尔克（Paul Volcker）[1] 先生不得不把利息率控制在两位数的范围内。每个 CEO 都感到惶惶不安，担心自己的公司随时会陷入破产危机。

---

①经济学家，在卡特总统和里根总统任期内 (1979 年 8 月~1987 年 8 月) 担任美国联邦储备委员会主席。在沃尔克领导下，美联储的主要业绩是通过限制货币供应量增长，放弃以往瞄准利率的政策，从而结束了美国 20 世纪 70 年代的滞胀危机。

在这段时间，所有股票，无论好坏，都被人们一股脑地抛出，整个股市似乎成了人人喊打的过街老鼠。但不可否认的是，这段时间也为投资者创造了历史上最佳的投资时机。只不过这些机会并不是在一片欣欣向荣的景象之中到来的，相反，它们伴随着痛苦而出现。

当股票市场在总体上呈现低潮的时候，整个经济形势也面临着巨大的变数。此时，投资者自然不会看好未来的投资回报。经济衰退、高利率、战争的威胁以及其他不祥之兆笼罩着市场，股市上阴云密布，危机四伏。幸运的是，这种情况从来不曾成为市场的主旋律。天无绝人之路，在大多数情况下，我们还是能渡过难关。整个经济一直在加速地发展着，只不过个别企业的股票有涨有跌、命运不同而已。但是正像市场可能会时而走向极端一样，市场对个别股票的估价也有可能会走向极端。

在整个市场周期内，企业价值经常处于被高估或是低估的状态之中。低市盈率的股票往往来自于价值被低估的公司。股票市场肯定不会认为这样的股票能有什么光明的未来，也许是因为它们在股市处于低潮时总是弱不禁风，或许是因为它们早已失宠，抑或是市场上又涌现出更加光彩夺目的新股票。另一方面，高市盈率却大多属于被市场看好的公司。对于这些股票，一切似乎都令人振奋，前景一片光明，所有投资者都对未来的巨额回报深信不疑。正如先锋温莎基金 (Vanguard Windsor Fund) 的传奇人物，著名基金管理人约翰·内夫（John Neff）[1] 曾对我说过的一样："每种趋势都会延续到它结束的时候为止。"一切都要变化，因此，任何一种趋势都不可能是永久的。

---

[1] 1964 年起任先锋温莎基金基金经理，直至 1995 年退休。在 31 年间，先锋温莎基金总投资报酬率达到 55.46 倍，而且累积 31 年平均年复利报酬达 13.7% 的纪录，在基金史上尚无人能与其匹敌。在其卸任时，该基金管理资产达 110 亿美元。

　　与日常生活不同，在投资的世界里，总是充斥着不可预测的惊喜和失落。但最重要的是，我们应该认识这些意外是怎样影响股票市场的。无数研究一再说明：尽管低市盈率、低预期股票会令人失望，但这种令人失望的结果却往往不足挂齿。事实上，即便市场前景堪忧，股票价格却未必会持续下跌。相反，当低收益预期的股票给市场带来意外惊喜时，股价却有可能会一飞冲天。但是对于高收益率的股票，即使有一个天花乱坠的季度报告，股价也未必会扶摇直上。

　　实际上，此时的股票价格已经体现了市场上的利好信息。同样，负面消息被市场消化后，高预期股票的价格涨势可能会更加迅猛。其实，只要回想一下 20 世纪 90 年代的科技股泡沫，就已经让我们心有余悸了，更不用说那场狂潮给投资者带来的痛楚。到了 2000 年、2001 年和 2002 年，依然有一大批股票的跌幅超过 90%，当然，这样的股票似乎不胜枚举。

1.低市盈率价值投资法的最大好处是符合要求的投资标的往往具备较高的收益风险比，即在冒较小风险的前提下有可能获得较高的投资收益。这主要是由于低市盈率股票的股价中已经包含了投资者对其前景的悲观态度，即使未来业绩低于预期，其股价大幅下跌的空间也不大，而一旦业绩超预期增长，则投资者就可享受业绩增长和估值提升的双重效用。

2.低市盈率投资需要结合基本面的变化。简单选择低市盈率股票进行投资并不意味着就能获得超额收益，重要的是这些低市盈率股票已经发生或即将发生基本面层面的大变化。这些变化包括行业政策的变化，管理层方面的重大变化，治理结构上的变化（如引进市值考核、推出股权激励等），或者公司在新产品、新工艺上的重大突破等。

第 5 章

账面价值
帮你发现难得一见的"便宜货"

　　投资时长与金额均相同，购入市价低于
其账面价值 30% 的股票，竟比市场平均收益
多获利 2040 万美元？

　　相比那些声名显赫的大公司，市价低于账
面价值的股票收益率要高出 6.3%～14.3%？

> 当股票价格跌得很低时，即使认为是投机的证券也具
> 备了投资的性质，因为用他们的话说，你支付的价格，已
> 经可以为你提供巨大的安全余地。
>
> ——沃伦·巴菲特

有些股票的市场价格低于其收益水平，还有一些股票的价格甚至低于其净值。尽管这有可能是市场对低收益报告或行业形势作出的过度反应，然而，一旦出现这种情况，这些股票就有可能成为价值投资组合中的候选对象。实际上，只有净值才能代表一个公司所拥有的一切，也就是说，它是不动产、建筑物、机器设备以及现金扣除其债务后的余额。用资产减去负债，我们就可以得到账面价值 (Book Value)[1]，而每股账面价值则是账面价值除以流通中的股票数量。

在寻找价格低于其资产价值的股票时，我们首先要从市价低于每股账面价值的股票入手，这也是格雷厄姆的主要投资原则之一。多年以来,这个标准已经帮我发现了很多难得一见的"便宜货"。

经营市价低于每股账面价值的股票，也曾经是特威迪－布朗－

---

[1]等于总资产减去总负债。

赖利公司的拿手好戏。当时，交易价格大幅低于其净值的股票还不存在一个真正的市场，而比尔·特威迪的工作就是为这些股票造市。这也奠定了他与格雷厄姆之间的关系，因为它们恰恰是格雷厄姆所寻找的股票类型。最终是 1958 年成为公司合伙人的汤姆·纳普，带领我们摆脱了对经纪业务的依赖，操起投资管理的行当。当时，正是他独辟蹊径地指出：长期持有这些价值被低估的股票，而不是简单地进行交易，将更有可能获得好的投资结果。

按低于账面价值的价格买入股票

我进入这个行业的第一份工作就是查阅标准普尔和穆迪（Moody）①的股票手册，寻找那些交易价格低于账面价值的股票。按低于账面价值的价格买入股票也许可以为你带来最有利可图的投资。比如说，在 1994 年，位于得克萨斯州的一家兼营人寿保险和债券经纪的公司国家西部人寿保险公司 (National Western Life Insurance Company) 曾经按略低于资产价值一半的价格出售其股票。在 20 世纪 90 年代初期，你可以按远低于账面价值的价格购买杰弗里斯股票经纪公司 (Jeffries & Company) 的股票。目前，杰弗里斯的账面价值一直在上升，市价已经超过账面价值。

作为另一份送给股东的大礼，杰弗里斯还创建了一家名为投资技术集团的电子股票交易公司，这更让股东们受益匪浅。目前，它已成为业内的领军者，股票的溢价水平让很多股票经纪公司望尘莫及。如今，尽管很多投资者声称账面价值不重要，但在

①穆迪投资者服务公司是当今世界最具权威性的资信分析与研究公司之一，同时也是著名的金融信息出版公司。

我持有的股票中，有 1/3 是按照远低于其账面价值的价格买入的。

我曾经对交易价格低于账面价值的股票的赢利潜力进行过深入的研究。20 世纪 80 年代初期，我对 1970～1981 年的股票进行了检验。在研究中，我分析了 Compustat 数据库 ① 中该期间内的全部 7000 家公司。

我所寻找的，是那些市值总额不低于 100 万美元、交易价格不超过其账面价值 140% 的公司。于是，我根据市账率 (Price to Book Ratio，股价与账面价值比率) 对这些公司进行了分组，并分别计算出各组 6 个月、1 年、2 年以及 3 年期的业绩表现。结果表明，尽管这些组别的 6 个月期的收益水平基本低于市场平均收益率，但 1 年、2 年以及 3 年期的业绩却无一例外地超过市场平均值。其中，当投资于交易价格最低的一组 (买价低于账面价值 30%) 时，按上述的投资期限居然可以把 100 万美元变成 2300 万美元，但是按照市场的平均收益率，这 100 万美元却只能变成 260 万美元。

即使是按相对于收益较低的价格买入股票，我也不希望你不假思索地认为：只要股价低于账面价值，就一定具有较大的收益潜力。学者和研究人员对股票市场的投资策略进行了研究，并提出了大量证据 (见后记《那些支持价值投资的人和事》)。实际上，他们不仅研究了低市盈率买入的股票，还同时对市价低于账面价值的股票进行了分析。但研究的结果却大同小异：从 1967 年直到现在，对于美国境内外的股票而言，相对于那些声名显赫的

---

①美国著名的信用评级公司 Standard & Poor's（标准普尔）的产品。数据库收录有全球 80 多个国家中的 5 万多家上市公司及北美地区公司的资料，其中包括 7000 多家亚洲的上市公司。

大公司,市价低于账面价值的股票年收益率要高出 6.3%～14.3%。从摩根士丹利首席全球策略师巴顿·比格斯 (Barton Biggs)[1] 到诺贝尔奖获得者，众多研究都无一例外地证明：在任何一个国家（尤其是美国、英国和欧洲大陆国家），价值股的市场收益能力都远远高于成长股。

面对日益开放的全球性投资市场，按低于账面价值的价格买入股票的机会已经比比皆是。在美国股票市价普遍高于账面价值的情况下，我们在韩国股市上依然可以淘到大韩面粉加工有限公司 (Dae Han Flour Mills Co. Ltd) 这样的夜明珠。2005 年初，该公司的股票价格甚至还不到账面价值的 1/3。但从此之后，该股票的价格已经翻了一番。

2003 年，我在瑞士又发现了康世达控股公司 (Conzzeta Holding)，这是一家从事体育用品、钢板、玻璃、不动产及其他业务的大型企业综合体。该公司的股票价格大约为账面价值的一半，但不动产业务的账面价值似乎被市场低估，而且公司拥有大量银行存款形式的现金流。股票价格不仅较低，而且还拥有足够的安全边际。在以往的两年里，这只股票的价格已经涨了一倍多。同样是在 2003 年，著名的德国汽车制造商大众公司 (Volkswagen) 的股票市价也不过只相当于账面价值的一半。尽管它在美国市场上一蹶不振，但大众公司在其他市场上却依然强劲，股票价格目前已上涨一倍。很显然，如果你能放眼全球市场的话，显然可以找到更多市价低于账面价值的股票。

---

[1] 摩根士丹利首席全球战略分析师，毕业于耶鲁大学英文系。以分析师开始自己的华尔街生涯。他在 20 世纪 70 年代的大熊市中来到了后来赫赫有名的摩根士丹利并工作了 30 年。2003 年与两位同事发起了 Traxis 对冲基金。

找到市价低于其资产价值的股票

除此之外我还发现，有些公司的股票市价低于其净现金余额 (Net Cash Balances)。尽管这是格雷厄姆最喜欢的一种投资技术，但是在美国股市上，适合于这种投资策略的环境却不多见了。在 20 世纪的 90 年代，我们还可以在日本找到很多股票市价低于资产负债表上"现金"一栏的公司，比如广播公司、建筑商、纺织公司，甚至是通过特百惠 (Tupperware) 家庭聚会出售女性内衣的企业。我坚信，我们早晚可以在美国找到这样的便宜货。但是在此之前，我更相信，放眼全球市场，已足以让我找到这样的黑马，并不失时机地抓住这样的机会。

至于你的检验时间有多长，或者你准备探究的行业领域是什么，这些并不重要。重要的是，你一定要找到市价低于其资产价值的股票。搜罗国内外股票市场以寻找这样的投资机会，是另一种让我们的钱囊日渐丰盈的可行之道。

　　1.账面价值是衡量公司已支付的实际资产的有用办法。对以买下整个公司的劲头来买股票的人，账面价值是一个充满信息的数字。它告诉投资者可以从哪些项目赚到钱。如果可以用较低的价钱购买类似的资产或创立一家新公司，并因此得到相同或更高的投资回报，这是一个明智的做法。

　　2.当股价涨幅远远低于账面价值增幅时，买入可能就是聪明的投资；当股价涨幅远远高于账面价值增幅时，卖出可能就是聪明的投资。这里需要说明的是：

　　●寻找股价涨幅远远落后于账面价值涨幅的公司，只是一个大致的粗略指标，并不能作为一个唯一的参考指标，还要结合分析公司基本面变化。

　　●股价涨幅远远落后于账面价值涨幅的公司，更加适合于那些业务非常稳定、业绩能够持续增长的大盘蓝筹股，对于小盘成长股和重组股未必适用。

　　●这个指标很多时候具有参考价值，但并不是每次都有参考价值。

第6章

全球价值投资
到"国际折扣店"购买打折股票

你喝着荷兰的喜力啤酒，开着日本的本田汽车，为什么没想过要购买这些国家的股票？

如果说本国的"股票杂货店"里只陈列了一半的商品，那你为什么不到全球"股票杂货店"去挑选打折股票呢？

> 不论你使用什么方法选股或挑选股票投资基金，最终的成功与否取决于一种能力，即不理睬环境的压力而坚持到投资成功的能力。
>
> ——彼得·林奇

为什么要强调全球性的投资呢？难道在自己的国家里就找不到那么多的投资机会吗？或许是吧。但是，假如你也像我这样，把股票的全球性市场看成是一家售卖股票的杂货店，那么为什么还要把自己局限于全世界的一半商品中呢？目前，美国股市拥有全球近一半的上市企业（全球的上市公司数量有 2 万多家）。既然如此，如果你能放开视野，环顾全球发达国家的股票市场，找到廉价股票的机会不就会翻一番吗？但需要注意的是，其中基本不会包含风险相对较大的小企业。在全球销售额排名前 20 位的公司中，有 12 家公司的总部位于欧洲和亚洲。如果按销售量衡量的话，全球最大的石油公司位于英国，而在最大的 5 家汽车制造公司中，有 3 家属于德国和日本（见下表）。

另外，国际市场是一个开放的市场，美元、欧元、澳元之间是可兑换的。由于其可兑换性，理论上金融产品在不同市场之间随时可以变换，市场的角度可以变化，投资者有很多种选择。无论在时间上还是在空间上，今天在美国市场买的是债券，明天可以到欧洲市场去买欧元了。资金是流动的，并且总是流向最能赚钱的地方。凡此种种，都为全球化投资创造了条件。

全球企业销售额 Top20

公 司 名 称	销售额(10亿美元)	所在国家
沃尔玛 (Wal-Mart)	285	美国
英国石油公司 (BP)	285	英国
皇家荷兰壳牌集团 (Royal Dutch/shell)	265	荷兰
埃克森美孚 (Exxon Mobile)	263	美国
通用汽车 (General Motors)	193	美国
戴姆勒·克莱斯勒 (Daimler Chrysler)	192	德国
福特汽车 (Ford Motor)	170	美国
丰田汽车 (Toyota Motor)	165	日本
通用电气 (General Electric)	152	美国
雪佛兰 (Chevron)	142	美国
道达尔 (Total)	131	法国
大众汽车 (Volkswagon)	120	德国
康菲石油公司 (ConocoPhillips)	118	美国
安联 (Allianz)	112	德国
花旗银行 (Citigroup)	108	美国
日本电报电话公司 (Nippon Tel)	106	日本
安盛集团 (AXA)	97	法国
IBM	96	美国
美国国际集团 (AIG)	95	美国
西门子集团 (Siemens Group)	93	德国

资料来源：《福布斯》，"2000 年全球专题报道"(*Global 2000 Special Report*)，2005 年 3 月 31 日。

到全球大市场中寻找最廉价的股票

我们不妨再剖析一些生产日用品和提供日常服务的企业，比如说雀巢 (Nestlé)、荷兰国际集团 (ING) 金融服务公司、本田

(Honda)、丰田 (Toyota)、葛兰素史克 (Glaxo Smith Kline)、拜尔 (Bayer)、索尼 (Sony)、三星 (Samsung)、韩国现代 (Hyundai)、三菱 (Mitsubishi)、嘉年华航运公司 (Carnival Cruise Lines)、富士胶卷 (Fuji Film) 以及喜力啤酒 (Heineken Beer)。它们都是国际知名的大型企业，其所提供的产品和服务都是我们在日常生活中不可或缺的。所以说，忽视这些全球性的企业，就意味着我们拒绝投资于这些最大，同时也是最有活力的世界级企业。

目前，大多数金融文献和知名投资顾问都强调投资外国股票，在全球范围实现投资的多样化。这种投资理念的基本思想在于，如果投资于国外的公司，我们就可以规避国内股价下跌带来的投资风险。

然而，在全球经济一体化趋势日渐走强的当今社会，绝大多数市场的走向也正在趋于一致：纽约股市上的丝毫变动都会在伦敦市场上有所反映；当然，东京市场上的任何新闻也一样是巴黎的投资者不可不看的东西。20 世纪 70 年代初惊世骇俗的股市大跌，1987 年耸人听闻的大崩盘，还有 2000 年股市泡沫的无情破裂，无不殃及全球。在这些灾难面前，多样化几乎没有给我们带来丝毫的帮助。

同样，到了 2003 年，全球股市也几乎步调一致地走出低谷。因而，强调全球化投资的真正目的也许在于，我们可以选择的潜在的价值投资的机会增加了一倍。

我最初开始倡导全球化价值投资原则，还是源于多年以来我在世界各地接触的朋友和客户。通过和他们的探讨和交流，我逐渐认识到，如果能放眼世界各地的股票市场，也许可以给我们带来许多令人振奋的机会。

我的两次国外价值投资之旅

我第一次涉足国外股票是在 20 世纪的 80 年代初。一位格雷厄姆曾经的助手，现已经退休并居住在巴巴多斯 (Barbados) 的人，建议我的长期合伙人约翰·斯皮尔斯 (John Spears)[①] 了解一下日本的财险和保险公司，因为这些公司的股票市价仅有账面价值的 1/3。当时的日本经济正处于上升势头，在东京证券交易所 (Tokyo Stock Exchange) 里，几乎找不到所谓的廉价股票。因此，对于价值投资者来说，要找到一家市价只有账面价值 1/3 的日本保险公司，无异于大海捞针。但是在约翰看来，所有日本股票的价格似乎都达到了公开披露的账面价值。于是，约翰找到了格雷厄姆的这位助手，探讨了自己的研究结果。他告诉约翰，与美国保险公司不同的是，日本保险公司在计算账面价值的时候，把对基金的巨额投资列为成本。随着日本股票价格的大幅上涨，这些投资组合的价值已经翻了三番。尽管这些信息并不为大多数人所知，但日本的股票交易（当然是日本的国内股票交易情况）行情却无法掩饰这一切。

于是，我们找到了一些精通日语的人，着手对日本保险公司进行研究。果不其然，按照投资基金的市场定价，这些公司的股票价格仅相当于账面价值的 1/3。于是，我们当机立断买进了 8 家保险公司的股票。仅仅在 6 个月之后，日本的管制机构就调整了投资基金的财务处理方法，要求将投资基金列在资产项目下。市场得知这一消息后，股票立即攀升到调整后的市场价值。当然，

---

①特威迪－布朗有限责任公司的执行董事兼公司管理委员会委员，特威迪－布朗基金公司 (Tweedy, Browne Funds，经营共同基金业务) 的核心成员。

在投资这个充满神奇的世界里，运气永远是最宝贵的财富！

至于我的第二次国际大探险，则是在 20 世纪的 80 年代中期。在一次旅行中，我注意到，欧洲商人和美国商人之间并没有什么不同的地方。为了赚钱，他们也一样每天在勤勤恳恳地耕耘着，早起晚归，费尽心机。但是，我也注意到，欧洲人似乎不像美国投资者那样依赖于股票市场，这也许是一个找到便宜货的大好时机。于是，我并没有因为不是美国公司就置之不理，相反，我对这些欧洲企业非常感兴趣。和美国公司相比，欧洲股票的便宜也就显而易见了。比如说，康乃馨 (Carnation) 和通用食品 (General Foods) 等美国消费品公司的收购价格相当于税前收益的 6～10 倍，与此同时，英国 Distillers 有限公司的出售价格却只有税后收益的 4.5 倍。不幸的是，这家公司的存在似乎有点生不逢时，在玛格丽特·撒切尔 (Margaret Thatcher) 执政的初期，整个英国经济几乎陷入泥潭。不到一年之后，Distillers 就被美国酿酒业巨头健力士公司 (Guinness) 收购，而当时的收购价却达到了 12 个月之前市场价格的 2 倍。我们发现，还有很多烟草公司、保险公司、保险经纪公司和银行的经营极其平淡，股价极低，但是在它们的身上，却蕴藏着千载难逢的投资机会。

很自然，我之所以对更具全球性的投资模式感兴趣，完全是出于对眼下投资收益的不满。当时，我们几乎不可能用传统的思维去看待对欧洲和日本股票进行的投资，同时这也不是我的投资风格。对于美国公司，我和自己的合伙人已经为所有上市公司及其呈交给证券交易委员会 (SEC) 的文件建立了数据库，我们所掌握的财务信息几乎面面俱到。有了这些信息，我们就可以不失时机地抓住任何一个投资机会，市场似乎就在我们的手里。但是对美国以外的公司，我们却找不到这样的数据库。

当时，我们曾有一位在伦敦担任投资银行家的客户。他认为，在欧洲，根本就没有人用真正的价值投资观点去看待每一只股票。他一再质问，为什么在美国以外，我们就不能坚持同样的投资标准呢？几乎每个人都在乐此不疲地做着同样一件事，即完全以宏观经济为基础投资，但却很少去关注某一个企业的价值到底是多少。而我们的回答也总是如出一辙：因为没有这样的数据库能帮我们从 1.1 万只非美国股票中迅速找到真正的投资机会。

但是到了 20 世纪 90 年代初期，这种情况开始有所变化，涵盖不同国家和地区的数据库得以建立。通过对这些五花八门的数据库进行深入研究，我们最终可以筛选出足够数量的公司，从中发掘出实现投资对象多样化的候选对象。尽管这些数据库在整体质量和数据挖掘的深度上相去甚远，但是只要把它们融合在一起，探究其中的共性，我们就可以找到一种对非美国股票进行研究和分析的方法。于是，当我拨通这位银行家老朋友的电话时，他就成了我的第一个国际基金客户。

到他国的"股票杂货店"里挑选便宜货

虽然全球股票市场在大多数时间里是平稳发展的，但也不是没有例外，某些地区性的经济问题常常会引发股市的异常变动。1998 年，当互联网泡沫在美国迅速膨胀的时候，日本和欧洲的股票却异常便宜。即使是当时最便宜的美国股票，市价也能达到账面价值的 1 倍和收益的 8 倍。而对于最便宜的欧洲股票，市价却只有账面价值的 80%，相当于收益的 6 倍。至于最便宜的日本股票，市场价格更是只有资产价值的一半。

　　1998 年，随着亚洲股票市场的全面崩溃，在亚洲发达国家出现了大量的廉价股票，而这样的股票在美国市场上却依然如凤毛麟角。德国在 20 世纪 80 年代末期的统一，从另一个角度告诉我们，外国股票的价格远远低于美国股票。统一之后，为了兑换相对较为疲软的民主德国马克，德国财政部不得不发行大量联邦德国马克，由此导致德国乃至整个西欧地区的市场利率急剧上涨。毫无疑问，上升的利率是股票市场的最大敌人，它造成欧洲股票市场全盘下跌。在这种情况下，进行价值型投资的机会之多，自然是美国市场所无法相比的。

　　在今天的世界里，很多人都开着日本人的丰田或是雷萨克斯 (Lexus) 汽车，在寿司店里逍遥自在地喝着喜力 (Heineken) 或是科罗娜 (Corona) 啤酒，在假日里品上一杯美妙的乔尼·沃克 (Johnny Walker) 加苏打水或是必富达马天尼 (Beefeater Martini)；Flonase(葛兰素史克生产的鼻喷式花粉热药物) 成了所有过敏症患者的必备之物；AXA 或是安联，则成了保险公司或是保险产品的代名词；在索尼或东芝 (Toshiba) 的 DVD 机上欣赏精彩的电影；习以为常地把富士胶卷装在佳能相机里。毫无疑问，如果我们依旧把自己的投资局限在某一个国家，岂不是太愚蠢了吗？通过将投资范围扩展到全球，我们不仅可以成倍放大价值投资的机会，更重要的是，当其他市场和公司的股价比本国便宜时，我们就可以从中大赚一笔。

1.在每个国家都赌博要比在一个国家赌博明智，但更明智的是不赌博。

2.在全球化投资中，假定多种金融资产之间的收益都是相关的，如果得知每种金融资产之间的相关系数，就有可能选择最低风险的投资组合。

通俗来说，把相关性较低的金融产品组合在一起，可以比较有效地降低组合的投资风险。如果能够选择一些高风险高收益却相关性较低的基金建立一个投资组合，不但不会降低组合的收益水平，还可以分散掉部分风险。

第 7 章

瑞士 OR 新加坡
去哪家"股票杂货店"淘宝

一家瑞士公司 1.5 亿的税前收益竟然在
财务年报上消失得无影无踪，布朗又是如何发
现这一点并判断其股票很便宜？

苏联解体初期，所有"聪明人"都在买
进收益率超过 50% 的短期俄罗斯票据，最后
却损失惨重，为什么？

> 投资人总是习惯性地厌恶对他们最有利的市场，而对那些不易获利的市场却情有独钟，而且极有兴趣。
>
> ——沃伦·巴菲特

在决定投资于外国股票的时候，我和自己的合伙人首先要想一想：到底应该把我们的钱投资于哪些国家呢？对很多人而言，谈到"全球投资"这个词，他们便想起这样的情形：利文斯顿（Livingston）博士在非洲丛林中辗转跋涉；胡安·巴尔德斯（Juan Valdez）拉着忠心耿耿的驴子，驮着咖啡树在哥伦比亚的山间举步维艰；还有俄罗斯的黑帮分子，带着装满现钞的手提箱，手挽珠光宝气的女郎，坐着豪华奢侈的大轿车。不可否认，未来的国际投资之路，让我的心中有着同样的惶恐和畏惧。

分析各国财务制度，找到便宜股

大多数人多少都会有一点固守本地的思想，在这个方面，美国人似乎更为明显。美国的股票市场已经足够大了，因此，它几乎可以让任何一种投资口味得到满足。于是，美国人当然不愿意跨出国门去冒险了。更重要的是，我们还有一个证券交易委员会，它那一丝不苟地管制足以让任何试图操纵股市的人望而生畏。此外，我们还有一套精确无比的财务会计准则，为股票研究与分析创造了一个近乎完美的平台。美国人总是在怀疑国外的会计标准，抱怨欧洲和日本的会计准则缺少足够的透明度。其实确切地说，是我们根本就搞不懂他们的会计制度。然而，我对此却有着不同的看法。在我看来，既然苏黎世的基金经理能掌握美国人的《通用会计准则》(Generally Accepted Accounting Principles, GAAP)，我们也一样能学会瑞士的财务规范。幸运的是，今天，已经有越来越多的公司开始采用标准的国际会计准则，因此，理解全球各大公司的年报也正变得越来越容易。

当我开始在国外公司年报中艰辛跋涉、探寻摸索的时候，我突然意识到，欧洲和日本的会计系统并不是什么布满危机的雷区，而这更应该被视为一个探索宝藏、猎取财富的过程。出于诸多原因，很多欧洲公司采取了故意隐瞒财产的财务记账方法，在公开披露的财务报告中人为低估经营收益。他们既不想缴纳更多的税赋，也不想让股东的期望不加节制地膨胀下去。

瑞士的一家大型制药公司——罗氏控股公司 (Roche Holding)，早在 1990 年就已经让我们认识到了这一点。会计的基本原则在于，一家公司在年初的期初净资产或账面价值，加上会计年度内产生的收益，减去本年度支付给股东的股利，到了年终，就应该得到会计期末净资产或账面价值。但这一点却不适用于罗氏制药公司。在某些会计年度，账面价值的增长会超过扣除已支付股利后的报告收益。经过深入的研究，我发现，罗氏制药公司有一个为或有负债 (Contingent Liabilities) 计提准备金 (Reserves) 的习惯，这就降低了财务报告中公开披露的收益水平。原因何在呢？又有谁能知道这一切呢？实际上，他们只是想提高公司经营的稳健性，因而采取了更为保守的财务核算方法，尤其是在赢利较大的年份，他们更需要采取这种未雨绸缪的做法。在瑞士，为潜在负债计提准备金完全是合法的。

假设公司因为出售不合格产品而受到起诉，或是签署了有可能遭受巨额损失的合同，它就可以为这些潜在的损失计提准备金。与此同时，尽管损失尚未发生，公司还没有支付这些赔偿金，依然可以从当年的收益中预先扣除这些可能会发生的损失。实际上，银行一直都是这样做的。在发放贷款的时候，他们不仅希望能收回本金，还希望得到利息收入。但他们也知道，必将有一定比例的贷款会因为违约而无法收回。于是，他们就会按照贷款总额的一定比例，建立贷款损失准备金。

在罗氏公司这个例子中，计提准备金的做法绝对是有问题的。假设有这样一个例子：在瑞士，有一个从来没有发生过地震的地区，一家当地公司根据计算，为地震损失计提了1.5亿瑞士法郎的准备金。由于发生地震的可能性几乎微乎其微，因此，瑞士的税收主管机构自然不愿意让这家公司在税前扣除这笔准备金。所以说，让1.5亿瑞士法郎在税前收益报告上消失得无影无踪，这样的做法绝对是无法容忍的。几年之后，罗氏公司冲回了这笔准备金。如果是美国的话，必须将冲回的准备金加回到税前收益中。但在瑞士却不是这样做的。罗氏公司只需要把冲回的准备金加回到账面价值或者说净资产中，因而不会以收益的形式出现在财务报表中。由此可见，我所说的探宝应该不算是夸大其词吧？

在我们环游世界寻找自己心仪的价值投资机会时，一定不要忘记：不一样的不仅仅只有语言或食物，各国的会计规则也不尽相同。尽管世界各地的会计制度正在趋于统一化，但是，你至少应该对遇到的不同会计处理方法有所了解。

会计上的差异既有可能是问题，也有可能是机遇。不仅欧洲和亚洲的会计制度有所不同，即便是欧洲国家之间的会计制度也会有所差异。美国公司需要建立两套账目，一套用于股东报告，一套用于纳税。按照美国国家税务局 (IRS) 的规定，允许公司采用加速折旧法计提折旧，以鼓励企业进行工厂和设备的投资。但加速折旧法并不能反映资产的真实使用寿命，因此股东报告会采用较低的折旧率，这样报告中显示的收益额就会较高。这样的做法并没有什么违法之处。美国税收法令为企业提供了大量的激励性措施。但是在欧洲的大多数国家，公司只能建立一套账目体系，因此，股东和税收主管机构看到的报告都是一样的。这就造成了一些有趣而有价值的差异，比如一家瑞士巧克力公司：林德史宾利 (Lindt & Sprungli, L&S)。

作为一个知名品牌，林德史宾利公司一直以生产高档巧克力而著称，公司的赢利状况相当稳健。当我们第一次注意到林德史宾利公司的时候，该公司的股票价格相当于报告收益的 10 倍。在美国企业刚刚以 20 多倍于收益的价格收购另一家瑞士糖果公司和一家挪威公司的情况下，这样的市价实在是太便宜了。之所以说林德史宾利公司的股价便宜，原因有以下两点：

首先，由于通货膨胀已经上涨到前所未有的 3.5%，瑞士的股票市场一落千丈。通货膨胀的频繁爆发，也许可以解释瑞士法郎为什么会成为世界上最坚挺的货币之一。

其次，公司 CEO 赫尔·史宾利 (Herr Sprungli) 与前妻离婚，而新娶的妻子则是一位基督教科学派学者罗恩·贺伯特 (Ron Hubbard) 的追随者。这让瑞士股票市场为之一震，市场担心新的史宾利夫人可能会被任命为公司的董事会成员。瑞士银行的朋友们告诉我们，前任史宾利夫人及其子女持有的股份要多于其前夫，她曾经告诉前夫，一旦他的新欢进入董事会，她就会解雇赫尔·史宾利。

通过我们深入的调查，我们发现，虽然股价已经达到收益的 10 倍，但却只相当于现金流的 3.5 倍。现金流等于息税前利润加上厂房设备等固定资产折旧产生的非现金支出，这就是一个公司在纳税之前可以支配的全部资产。实际上，有些财产并没有被纳入到现金流之中。这样的价格显然是太便宜了。

企业之所以能对厂房设备等固定资产计提折旧，主要基于这样一个理论：固定资产在使用中逐渐磨损，因此，企业需要按磨损的程度计提准备金，对磨损的部分予以补偿，并在固定资产完全退出使用时构建新厂房，购置新设备。对厂房设备计提折旧的年限一般由政府税收主管机构确定。但在瑞士却不一样：在这里，公司可以自主选择折旧年限。在对林德史宾利公司的固定资产价值按厂房和设备单列的情况下，折旧年限约 26 个月。但瑞士显然不是缅甸，他们的厂房自然也不会像竹楼那样弱不禁风。实际上，即便是用短程核武器直接攻击瑞士的工厂，他们的厂房也许仍旧岿然不动。因此，这样的折旧年限显然是太不切实际了。谈到这个问题，业内人士告诉我们，赫尔·史宾利是一个非常保守的人。在对折旧率进行调整之后，我们发现，林德史宾利公司的股价只有收益的 7.5 倍。在类似公司的收购价格达到甚至超过 20 倍的情况下，林德史宾利公司的股票绝对是太便宜了。

在发现林德史宾利公司的时候，它的股票交易价格为 1.2 万瑞士法郎，比此前的最高价下跌了 60% 左右。财务报告披露的每股收益为 1121 瑞士法郎，市盈率为 10.7 倍。考虑到林德史宾利公司当时的市场地位，以及其他欧洲糖果公司的收购价超过税前收益 10 倍的情况，这样的市场表现已经算不错了。但是细细看来，有些项目还是需要调整，因为只有经过调整才能反映公司实际情况。公司 1.24 亿瑞士法郎资产的年折旧和摊销额达到了 4700 万瑞士法郎，相当于 37.7% 的年折旧率。也就是说，每隔 2.6 年，公司的资产就要更新一次，按照瑞士当时的建筑质量和使用情况，这样的折旧期限显然太短了。

于是，我分析了其他糖果公司。我找到了雀巢公司的朋友，了解他们对折旧的看法。朋友告诉我，雀巢公司是按销售额的一定比例来计提折旧的，即便是最高的年折旧率也只有 3.5%。林德史宾利公司的年折旧额居然达到了年销售额的 6%，而该行业的平均比率也只有 2.5%。于是，我选择按雀巢公司和行业水平的平均值即 3%，对林德史宾利公司的折旧情况进行了调整。按照 3% 的年折旧率，林德公司的年折旧额减少了一半，从 4690 万瑞士法郎下降到 2310 万瑞士法郎，也就是税前利润增加了 2380 万瑞士法郎。如果按瑞士实行 35% 的企业所得税对增加的这部分收入征税，公司的税后利润就可以增加 1550 万瑞士法郎，相当于每股增加 469 瑞士法郎。于是，调整后的每股收益达到了 1590 瑞士法郎。调整后的市盈率为 7.5 倍，这也是世界上大型食品连锁企业之中市盈率最低的公司之一了。

由此可见，尽管认识不同国家会计处理方法上的差异的确是一件令人头疼的事情，但却常常可以让我们有意外的惊喜。

在研究欧洲公司的时候，我也发现了这样的会计差异。欧洲国家的会计政策几乎如出一辙：公司财务报告上披露的收益和资产价值都低于同等公司按美国会计标准确定的数额。研究欧洲与美国会计政策的差异就像是一次神奇的寻宝之旅，而探究美国公司的会计政策则像在雷区中跋涉。美国公司似乎更喜欢把自己最风光的一面展现在股东面前，这样，他们就可以心安理得地调整管理层薪金，增加管理层股票期权的价值。而欧洲公司实行期权制度还是最近的事情，从历史上看，他们的薪酬水平和美国相比相去甚远。从传统上看，欧洲公司和日本公司都十分注重持有现金，这就意味着，他们往往会对资产采取快速折旧摊销的财务处理方法。这样账面上披露的收益就减少了，现金就增加了。显然，非美国企业的管理层更强调一家公司要拥有一个稳健强大的资产负债表。

以前，交易外国股票一直是一件让人头疼的事。随着金融市场全球化步伐的加快，大多数发达国家的股票交易规则已经趋于一致。很多发行量较大的股票都会在世界各地的多家证券交易所同时挂牌上市，其中包括美国的纽约证券交易所(New York Stock Exchange)和纳斯达克(NASDAQ)等。

这些在美国挂牌上市的股票大多采取一种名为"美国信托凭证"的形式。之所以引入这种证券，就是为了方便美国投资者购买外国公司发行的股票。目前，美国股票市场交易的ADRs大约有2200种，其中不乏葛兰素史克、丰田和雀巢这样的"巨人"。随着股票经纪行业的全球化运作，任何一家股票经纪公司都可以购买在非美国交易所上市的外国股票。尽管你也许需要花费更多的努力去了解世界各国会计制度的差别，但这种努力是值得的。因为，全球性的价值投资能让你得到更多的投资机会。

远离所谓的"新兴市场"

在全球范围内寻找投资机会的过程中，我选择了以瑞士这样的发达国家为主要投资场所的策略。我的目标是那些经济形势稳定、政府运行良好的国家。而所谓的新兴市场，似乎从来就没有出现过，而且这些市场对于投资来说，还不是一个安全稳定的投资环境。尽管这些国家也会不时成为投机者的天堂，但是它们也有可能成为动荡不安、销毁财富的地狱。不妨看看委内瑞拉和阿根廷，我们就能体会其中的奥妙了。如果你投资于这样的国家，显然是忽略了安全边际的概念，我可不敢玩这样的游戏。

在新兴市场上的每一个成功背后，我们都会看到不发达国家所经历的种种灾难。和这些灾难相比，所谓的投资成功往往显得微不足道。苏联解体后的俄罗斯所经历的经济剧变，至今让我们记忆犹新。最初的时候，俄罗斯市场曾经是国际投资者的金矿，而后又变成恶性通货膨胀肆虐的乐园。所有"聪明人"都在买进收益率超过 50% 的短期俄罗斯票据。这样的回报的确太诱人了，以至于让人难以置信。但只有事实才能说明一切。

最终，这些票据均出现违约，除了给投资者留下曾经美好的回忆之外，一切财富在顷刻间化为乌有。在熬过 90 天的交易计息暂停期之后，俄罗斯票据终于被解冻，但这段时间的货币贬值却让西方投机者们损失惨重，血本无归，叫苦不迭。

早在20世纪90年代初，墨西哥曾经是西方人眼中的投资天堂。墨西哥股票市场持续走强，屡创新高。此时的墨西哥似乎已经赢得了资本主义世界的理解和接受，而富饶的自然资源似乎也为他们奠定自己的强国地位打造起坚实的基础。媒体也不失时机地大声疾呼：墨西哥将成为第一世界中的一员。

但是，在经历了频繁的政治暗杀和突如其来的货币危机之后，我们才发现，墨西哥股票市场所表现出的繁荣，不过是全球基金经理推波助澜的杰作而已。最终，墨西哥股市轰然倒下，而留给投资者的自然也只有灾难而已。

20世纪90年代中期，我的弟弟威尔曾经在南美洲的维和部队服役，在那里，他对拉丁美洲国家的法律深有感悟：有的时候，法律就是法律；但有的时候却不一定管用。当时的阿根廷正在从潦倒破败中苏醒过来，成为拉丁美洲的新宠。但今天的阿根廷又再度陷入绝境。而委内瑞拉和玻利维亚刚刚遭受的灾难，更是让我们心有余悸。既然如此，投资于这些形势不稳定的国家，岂不是自寻烦恼吗？

到20世纪末为止，东亚地区一直是新兴市场投资世界中的佼佼者。马来西亚、新加坡和泰国等国家几乎成了经济高速增长的代名词，它们的国内经济增长率甚至高达8%～12%。他们向世人炫耀着所谓的"亚洲经济奇迹"。但事实很快就告诉我们，促成所有这些增长的，并不是生产率的提高，而是外国投资者带来的大量资金输入。

于是，这个被人为吹起来的气球瞬息之间就破了。1997年，就在墨西哥金融危机依然让我们心有余悸的时候，充满灾难的市场开始让投资者们纷纷逃离这些东亚国家。在泰国，股票市场的下跌幅度超过了75%。菲律宾的股市损失也超过了1/3。仅在10月的三个交易日内，中国香港市场就损失了23%的市值，而政府也不得不动用数十亿美元力挺本地的资产和货币市场。马来西亚的股市损失超过50%，甚至一贯被视为"东亚虎"中经济最稳定的新加坡，价值蒸发的幅度也超过了 60%。显然，这些风险都和我所强调的安全边际格格不入。

这些变化似乎体现了所有欠发达的市场都必然经历的兴衰规律。初期的投资者大发横财，但随着国外资金的大量涌入，使当地经济逐渐演化为一个巨大的投机泡沫。这是一种危险的投资方式，因为那些手里依然攥着钱袋的人，到头来却发现，这只是一个空空如也的袋子。

只要坚持经济稳定和政府稳定的选择标准，而不是把眼睛盯在非洲内陆的大草原、西伯利亚的荒原或是安第斯山脉的丘陵，我们就会让自己身处取之不尽的财富之中。我的投资对象包括所有西欧国家、日本、加拿大、新西兰、澳大利亚、新加坡以及中国香港地区的公司。在这些经济形势稳定的市场中，我的重点是那些与美国企业具有相同价值特征的股票。

　　1.今天，已经有越来越多的公司开始采用标准的国际会计准则，因此，理解全球各大公司的年报也正变得越来越容易。

　　2.只要坚持经济稳定和政府稳定的选择标准，而不是把眼睛盯在非洲内陆的大草原、西伯利亚的荒原或是安第斯山脉的丘陵，就会让自己身处于取之不尽的财富之中。

第 8 章

套期保值
规避外币投资汇率波动的风险

Trimming the Hedges　　Trimming the Hedges　　Trimming the Hedges　　Trimming t

　　在进行外币投资的时候，为什么股价上涨，你的收益可能降低？

　　通过赚取套期交易与非套期交易的差额的做法并不可取？

> 我对总体经济一窍不通，汇率与利率根本无法预测，好在我在作分析与选择投资标的时根本不去理会它。
>
> ——沃伦·巴菲特

和仅投资于美国股票相比，全球性投资还有另一个明显的差异之处：货币。外国股票采用外币报价。当一种外国股票以报价货币表示的价格上涨时，如果这种币值相对于本币出现贬值，那么，你就会丧失部分或全部股价上涨带来的收益。

在 20 世纪 80 年代，也就是没有引入欧元之前，我们在进行股票交易时，不得不在 20 多种发达国家货币之间转来转去。要计算意大利里拉 (Italian Lira) 对西班牙比塞塔 (Spanish Paseta) 或是美元之间的汇率关系，即便是爱因斯坦，这种计算也是一个挑战。

汇率的波动有时很微小，有时非常剧烈。从 1979～1984 年，英国、法国、德国和荷兰货币对美元汇率的下跌幅度为 45%～58%。如果 S&P 指数下跌到这种程度的话，投资者的唯一选择恐怕就是抛售股票，把现金拿在手里。考虑到币值变化的复杂性和不稳定性，我们就有必要对外国股票的投资进行套期保值，以规避标价货币与本币之间汇率波动带来的影响。随着欧元于 1999 年面世，货币间题也变得不像以前那样复杂了。我们的全球投资也不再需要涉及二十几种货币，现在，我们可以用四种主要货币进行 90% 左右的投资：欧元、英镑、瑞士法郎和日元。

什么是套期保值？

套期保值的原理非常简单。如果你买进 1000 英镑的英国 Tool and Die 公司股票，此时你的赌注不仅是股票本身，还有英镑的币值。如果股价上涨，英镑贬值，你抛售股票并把收入兑换为美元的话，你有可能丧失部分或全部股票升值带来的收益。相反，如果股价下跌，但英镑升值，汇兑收益就可以减少你在股票投资上的损失。当然，币值和股价上的变化可以有很多种组合，这显然是个让人头疼的问题。但是，如果你通过买进英国 Tool and Die 公司股票而持有的这 1000 英镑进行套期保值，你的全部损失或收益就只取决于以英镑计价的股价涨跌了。

套期保值的具体原理如下：假如你的股票投资数额在买进时为 1000 英镑。由于股票是按英镑计价的，因此，这就相当于你手中持有相同数量的英镑货币。为消除汇率风险，你可以通过货币远期合约的方式卖出这 1000 英镑。这就像股票交易中的卖空：你不必拥有这些股票，只是把这些股票借到手。有了货币远期合约，你实际上就不再拥有这些货币，而是拥有相同价值的 Tool and Die 公司股票。在这种情况下，我们就可以说，你已经对自己的投资进行了套期保值。此时，你同时拥有两种价值相同的交易工具，只不过一种是多头，另一种则是空头。当你卖出股票的时候，就相当于平仓远期合约，收回美元。

针对外币投资还有另外一种观点。大多数购买外国股票的投资者不会对货币风险进行套期保值。他们只是被动地接受外国股票投资带来的波动，听凭手中的筹码价值发生涨跌。从长期看，比如说 10 年以上，套期投资和非套期投资的结果将会极为接近。两种方法的共同之处在于接受货币波动的不可知性。要么完全规避货币效应的影响，要么听之任之，置之不理。布兰德斯研究所 (Brandes Institute) 的研究证实了这一结论。尽管各年度间的投资收益可能相去甚远，但从长期上看，比值的变动倾向于相互平均，涨幅和跌幅相互抵消，因此，最终的决策权还是掌握在投资者的手里。

别在套期交易与非套期交易间转换

上面简述了套期保值的原理和作用。但是，如果你打算根据自己对货币比值的变动趋势作出的判断，在套期交易和非套期交易之间转换，最终的结果很可能会让你大失所望。对此，布兰德斯研究所给出了同样的结论。和那些选择一种方法并持之以恒的投资者相比，试图预测比值变动的投资者大多收获惨淡。我一直坚持这样的立场：我认为自己唯一能做的就是从公司状况进行分析，而不是国家。我喜欢做自己能做的事情，不愿越雷池一步。

    1.投资外汇理财产品，应坚持"不把所有鸡蛋放在同一篮子里"的原则，且能以长期的打算，来弱化汇率波动对投资回报造成的影响。

    2.进行国际投资时，考虑到币值变化的复杂性和不稳定性，就有必要对外国股票的投资进行套期保值，以规避标价货币与本币之间汇率波动带来的影响。

第 9 章

内部人士
如果他们买进，你也可以买进

内部人士抛售其所在公司股票的原因有很多，但是购入其股票的原因只有一个，那是什么？

如果内部人士都在回购自己公司的股票，那你还等什么呢？

> 希望你不要认为自己拥有的股票仅仅是一纸价格每天
> 都在变动的凭证……相反，我希望你将自己想象成为公司
> 的所有者之一……
>
> ——吉姆·罗杰斯

让我们还是暂时回到美国股市，要评判一个公司的财富能否与日俱增，一个最主要的指标就是看看内幕知情人是否会买进其股票。最先知道公司的经营是否在改进，收益是否会上升的，往往是公司的高层管理者和董事。如果他们开始在公开市场买入股票，这就是一个安全的利好信号：形势一片大好。从高层管理者到底层员工，公司雇员可能会频繁买卖所在公司的股票（除非股票处于未披露收益之前的封闭期，或是知悉某些非公开信息而促使他们选择不进行交易）。

尽管法律禁止内部人士在发布消息之前向公开市场出售其股票，但是让我们收益最大的，却不是禁止公司内部人士抛股的规定，而是要求公司必须在两个工作日内披露其所有交易的规定。按照这样的规定，无论在什么时候，内部人士进行的股票买卖，都会在 48 个小时之内成为公开信息。这样，我们几乎可以在公司经营者作出投资决定的同时，作出相同的投资举措。

很多原因促使内部人士抛掉手中持有的公司股票。他们也许想丰富一下自己的资产组合，筹划未来的不动产，购买心仪已久的房产；或是偿还马上需要支付的离婚补偿金；抑或只是想卖掉因执行股票期权而得到的股份。出于这些原因，作为一种市场信号，内部人士出售股票的指示作用也许不像买入那么强烈，但是能让这些内部人士在公开市场上掏钱买股票的原因却只有一个：他们认为股价将会进一步攀升。我一直非常关注内部人士的买入行为，因为只有他们才最了解公司的经营状况和未来发展趋向。他们毕竟是公司的经营者，对于新的营销计划、行业状况的改善、公司所持有的低估资产以及有助于改善企业健康状况的未来金融交易等一清二楚。如果他们觉得经营状况将会有所改观，或是股票被市场低估，深入研究一番将是非常必要的。

这个结论不仅合情合理，更重要的是，它已经为大量的研究所验证。内部人士所购股票的业绩至少可以达到市场基准收益率的 2 倍，这一情况在整个世界范围内均普遍存在（遗憾的是，除美国外，很少有国家要求公司内部人士披露其股票交易情况）。当买入股票的内部人士按低市盈率抛出股票时，传递给我们的信号则更为有效。更准确的指标则是内部人士持续买入市价低于账面价值的股票。当然，你可以猜想得到，如果内部人士抛出被市场高估的股票，则表明该股票的收益前景将很有可能黯淡无光。

买入信号一：内部人士回购其股票

公司内部人士还可以通过另外一种方式告诉我们：市场即将走强。当公司董事会决定在公开市场回购其股票，这将是一个非常值得信赖的信号：他们认为公司的股票被市场低估，未能恰当反映其未来的增长潜力。在他们看来，要实现企业现有资金的最大回报，最好的办法就是在市场上回购自己的股票。如果判断正确，同时又能按低于内在价值的价格买入股票，那么，其他股东的每股价值必然会增加。也就是说，任何按低于账面价值进行的回购都将增加其他股票的每股账面价值。既然股票回购可以带来如此巨大的潜在回报，如果公司宣布回购其股票，而且股票市价又低于收益或资产净值，我们就有必要给予密切关注。

无论是以个人身份还是代表公司，内部人士在买入其所在公司的股票时，通常都需要作出明确的公开披露。这些内部人士往往是投资者，而不是交易人。他们大多是从长期投资的角度买入股票，而不是为了实现某些短期目的。很多研究均证实，内部人士买入股票和股票回购一般都出现在市价低于收益、市账率较低以及市价下跌幅度较大的时候。换句话说，当我们在寻找价值投资的目标时，内部人士买入是一个值得注意的信号，因为这些股票往往具有某些价值投资者所追求的特性。

买入信号二：内部人士大量持有某些股票

还有一种内部人士是我们应该关注的。一旦投资者累计持有某一家公司的股票份额达到或超过 5%，就必须向证券交易委员会进行登记，并就持股情况进行公开披露。此外，他们还需要在登记和披露中声明：买入股票到底是纯粹的投资行为，还是为了改变或寻求公司的控股权。在这些投资大腕中，很多人都曾经有过辉煌的业绩。因此，如果内部人士大量持仓某些被低估的股票，

这绝对是一个值得我们关注的信号。了解那些最成功的投资者对
什么感兴趣，这也是我们对内部人士给予关注的原因。

买入信号三：积极型投资者的言行

那些倾向于影响或改变管理层决策的积极型投资者同样也值
得我们注意。在华盛顿红皮足球队 (Washington Redskins) 的老板
丹尼尔·斯奈德 (Daniel Snyder) 表示有兴趣经营主题公园之后，
六旗游乐园 (Six Flags Amusement Parks) 的股票价格便急剧飙升。
与此同时，时代华纳、Wendy 快餐店和亨氏食品公司却承受着外
部投资者要求他们改善经营业绩、增加股东回报的压力。尽管并
非所有积极型投资者都能成功，但他们的存在，却注定能为我们
判断价值投资的机会提供一个更有说服力的证据。正是有了这些
积极型投资者，那些低估股票的管理层才会不断提升企业价值，
否则他们就会面临失业的危险。因此，只要股票的市价已经低于
收益或净资产，任何一个成功的主动型投资者，也许都能给我们
一个尝试的理由。

有时候，导致投资者对廉价股票及其丰厚利润视而不见的原
因在于缺少一种能引起市场关注的催化剂。而内部人士或是积极
型投资者，正好为我们提供这种催化剂，促使市场去认识这些廉
价股票的内在价值。

现在的股票市场上，各种不同的消息漫天乱飞，许多人热衷于打听内幕消息，据此作为自己的投资依据。但如何才能辨别这些消息的真假呢？要领还是那句"知其然，知其所以然，知其不然"。

● 听到消息后，首先把这个消息的来源、日期、价位，当时大盘的情况和热点以及其他有用的信息记录在案，然后看看K线图，判断一下庄家的成本，考察一下庄家在此能否出货，问一问自己为什么会得到这个消息。

● 在距离庄家成本不远的地方，或大盘低迷时，或判断庄家无出货可能性，又或是处于牛市初中期时，千万不要轻信消息。毕竟，错过一匹黑马不要紧，但因为轻信消息被套则会带来巨大损失。

● 即使"信其有"，也不都是马上就能买的。有的可以立刻买；有的则需要记录在案后，随着股价的欲振乏力，其消息渐渐被人遗忘后，股价回落到合适的地方再买进，做长线。

第 10 章

熊市淘金
股市越跌，找到便宜股的机会越大

Things That Go Bump in the Market   Things That Go Bump in the Market   Things

股市跌幅达 60%，人们谈股色变，为什么巴菲特却十分兴奋？

三里岛核泄漏事件之后，全世界对核能股失去了信心，在一片喊打声中，冒险买入核能股的投资者们是赚了还是赔了？

> 当一些大企业暂时出现危机或股市下跌，出现有利可图的交易价格时，应该毫不犹豫买进它们的股票。
>
> ——沃伦·巴菲特

当孩子们在夜里听到奇怪的声响时，他们往往会想到很多能让自己感到恐怖的东西：幽灵、鬼怪以及各种各样在黑暗中令人毛骨悚然的动物。这些黑暗中的阴影会让孩子们迫不及待地跑到父母的卧室，只有在那里，他们才能感觉到安全。尽管这些怪物只是虚幻的，但对于孩子来说，似乎就活生生地存在于他们的眼前。他们的恐惧显然是非理性的，而惶恐逃离也只不过是一种他们的过度反应而已。

但不可思议的是，在股市出现震荡的时候，即便是成年的投资者（无论是散户还是所谓的职业投机家）也会表现出同样的惶恐不安。我们经常会看到，在政府出台政治或经济措施的时候，常常会导致市场大起大落。在现实中，个股和整个行业股票的下跌幅度也往往会超过预期收益或不可预期事件所带来的下跌，这同样是一种过度反应。当股价下跌的时候，恰恰是投资者应该全神贯注、瞪大眼睛的时候，因为在这个时刻，他们完全可以为自己找到能按低价买进的股票。但事实却是，他们往往会惊慌失措地加入逃离股市的大军，去寻求莫名其妙的安全感：在他们看来，只有手里拿着现金才是最安全的。事实上，风险更多地体现于你支付的价格，而不是股票本身。

在职业生涯中，我曾经目睹过很多股市暴跌的情况，包括1972～1974 年油价上涨和经济滞胀导致的股市大崩盘，1987 年的股市大跌，1989 年的短暂危机和随之而来的高收益债券[①]破产，1998 年亚洲金融危机给美国股市带来的短时间恐慌以及2001～2002 年的市场崩溃。事实上，在每种情况下，股票价格的快速下跌都是一个千载难逢的机缘：投资者可以买到比崩盘前便宜得多的股票。当其他人在听到新闻报道后闻风抛售的时候，就是你为自己寻找价值投资机会的时候，随后的股市反弹肯定会让你大赚一笔。在这里，重要的是一定要认识到：如果一个企业有一份坚实稳健的资产负债表和可观的收益，它的股票价格迟早是要复苏的。按照我的经验，在股市下跌后，只要企业拥有强健的基本面[②]，他们的股票大多会出现反弹，唯一不同的，只不过是反弹的早晚而已。

至于成为价值投资对象的其他特征，学者从实证角度出发，从所在市场、国家和行业以及股票等方面对买入下跌股票实现的收益进行了大量的研究。从 1932 年至今的研究证实，当优质公司遭遇困境的时候，他们的股票迟早会出现反弹，而且反弹的时间极具规律性。这些研究还表明，无论是美国、加拿大还

[①]又称垃圾债券，即穆迪评等为 Baa3 或标准普尔评等为 BBB- 等级以下的债券，其信用风险高于投资等级以上的固定收益债券。

[②]基本面包括宏观经济运行态势和上市公司基本情况。上市公司的基本面包括财务状况、盈利状况、市场占有率、经营管理体制、人才构成等方面。

是日本或欧洲，业绩优秀的企业对应着低回报，而业绩平平的企业却能带来高回报，这一点几乎适合于所有的市场（见后记《那些支持价值投资的人和事》）。今天最低劣的股票会成为明天最耀眼的黑马，而眼前的妙龄少女到了明天，也许就会变成满脸皱纹的老处女。

下落的刀子危险，下跌的股票安全

华尔街上有一句尽人皆知的口头禅：试图握住正在下落的刀子是非常危险的。但是，当股价在一天之内下跌 60% 或者是破产和经营失败率激增 4 倍时，也许恰恰酝酿着无数投资良机。请记住：价值投资的宗旨就是要经常保持合理的安全边际。只要坚守安全边际的原则，就更有可能增加你投资组合的价值，减小与失败为伍的机会。切莫试图抓住那些价格不菲而又粗制滥造的"刀子"。

很多知名学者和美国财政部进行的研究与投资界的实践不谋而合。一方面，股票均价在 1973～1975 年的熊市之后下跌了60%，并在此前的市场宠儿（即"漂亮 50"）大幅下挫的时候，使投资者叫苦不迭，赔钱者十有八九；另一方面，股市大跌带来的便宜货却让沃伦·巴菲特很兴奋。在 1974 年 11 月 1 日的《福布斯》杂志的一篇专访中，他竟然用"身陷美女之间而尽情纵欲"这样的说法来形容自己此时此刻的心情，并在采访结束时指出，现在就是投资股票、发财致富的大好时机。对于普通投资者和专业投资机构而言，在饱受熊市摧残之后，股票自然会让他们谈虎色变，恨不得今生今世不再和股票有丝毫的瓜葛，但这也让他们在股价创 20 年新低之时丧失了囤积居奇的机会。

在 20 世纪 80 年代，一些大型公共设施企业由于过分依赖核能而陷入财务危机。在美国，即使是一些最大型的电力公司也没能幸免于难。很多公司为解决危机甚至不得不申请破产保护。在三里岛事件 [1] 之后，国际社会对美国核能源的热情也似乎戛然而止，基金经理或个人投资者也不再愿意投资于这些企业。但依然有为数不多的投资者，在一片喊打声之中，勇敢地买入新罕布什尔公共服务公司 (Public Service of New Hampshire)、海湾公用设备公司 (Gulf States Utilities) 和新墨西哥州能源公司 (New Mexico Power) 等股票。经过几十年的努力，随着这些公司逐步摆脱危机，恢复赢利能力，这些胆大心细的投资者狠狠地赚了一笔。

到了 20 世纪 80 年代末和 90 年代初，垃圾债券大鳄德崇证券公司 (Drexel Burnham) 的陷落，高收益债务市场泡沫的破裂，再加上不动产价格的暴跌，共同演绎了今天所说的"储蓄信贷危机"。在这场波及整个美国的危机中，从最小的储蓄信贷机构，到最大的银行，都未能幸免于难。即便是美洲银行 (Bank of America) 和大通曼哈顿 (Chase Manhattan) 这样闻名遐迩的金融机构，股票价格也跌到账面价值甚至更低，市盈率也只有可怜巴巴的一位数。急转直下的加州不动产市场，让富国银行 (Wells Fargo) 赔得一塌糊涂。但是，有些投资者却在此时把握形势并投资于银行，这让他们获得了丰厚的投资回报，因为此后十年的银行业并购浪潮，让股东尝尽了甜头。所以说，即便是在一片大跌之中，你也应该保持清醒的头脑，不要随意地全盘否定。

---

[1] 三里岛事件：三里岛 (Three-Miles Island)，1979 年 3 月 28 日，美国宾夕法尼亚州萨斯奎哈纳河的核电站发生的一次严重放射性物质泄漏事故。

1992 年，比尔·克林顿上台之后，委任其妻希拉里组建了一个医疗健康委员会，旨在通过强有力的改革措施大幅削减制药业的赢利水平，并由此导致所有医药公司的股价均急剧下跌。至于强生等生产处方药的公司以及邦迪 (Band-Aides) 和泰诺 (Tylenol) 等生产非处方药的公司，股票价格甚至跌到仅有 12 倍于收益的水平，大多数投资者对制药业避而远之。

而那些在强生公司中看到机会的投资者却意识到，当时的股票价格仅相当于公司非处方药业务的价值，也就是说，如果按当时市价收购强生公司的话，就可以免费得到处方药部分的业务。因此，一旦希拉里的计划付诸实施，强生和其他制药公司的股票便会给那些敢于冒险的投资者带来巨大的收益。

同样，美国运通也是一个非常有说服力的例子，它告诉我们，即便是落下的刀子，只要把握好时机，以低价买入高质量的股票，仍然有可能收益倍增。"9·11"事件之后，由于市场认为运通公司过于依赖航空运输，以至于股价从前一年的 55 美元高位跌落至 25 美元低位。尽管运输是公司的主营业务，但敏锐的投资者还是发现，美国运通卡绝不仅仅是普通意义上的信用卡，它还可以用于加油站、超级市场甚至沃尔玛之类的消费。

"9·11"事件之前，运通卡的发行量一直在稳步上升，而且公司还采取了大刀阔斧的成本削减措施。尽管运通公司在运输业方面举步维艰，但它依然还是一个以仅仅 12 倍于收益水平出售的具备庞大利润的企业。如果投资者能意识到，只有很少几家优质公司能有如此之低廉的股票，而且信用卡带来的收入流已经为公司创造出如此之稳固的安全边际，那么，这些投资者必将在此后受益匪浅。

从屡创新低的股票中找到真正的便宜货

无论是在学术领域里研究人员的眼中，还是喧嚣纷乱的华尔街，买入能提供安全边际的下跌股票都能带来成功的投资，这几乎已经成为一种共识。尽管大多数公众和机构投资者都觉得，买入下跌的股票很难让他们泰然处之，但是只要能买到那些廉价货，我们就会发现，恰恰是在那些大量抛售、屡创新低的股票中才能找到真正的便宜货，而不是那些居高不下的热门股。

熊市中的买卖细则：

1. 短线做股票不要看业绩，熊市做股票也不要看业绩，只要看成交量和 k 线组合就行了。

2. 早盘升得好的股票不要买，下午会有回落。早盘不买股票，午盘买股票，买那些升幅不大但一直横盘的股票，尾市一般都会拉升，中线买股要看业绩。

3. 熊市要有逆反思维和辩证思维，好股会变臭股，臭股会变好股，机构一致看多时要卖出股票，快进快出，不要恋战太久，碰到股评家介绍的股票当天 10 点前一定要抛出，多头排列的股票要保持十分的警惕，一旦有利空跌得最惨的就是这种股票。

财富点津

第 11 章

投资工具
利用掘金利器筛选投资候选对象

Seek and You Shall Find　　Seek and You Shall Find　　Seek and You Shall Find　　S

如何确保你买到的绝对是廉价的质优品，
而不是貌似便宜实则价格不菲的冒牌货？

聪明的店主会经常光顾对手的商店，看
看他们在卖什么，你为什么不看顶级价值投资
者们买什么股票呢？

格雷厄姆说，长期看，市场是称重器；短期看，是投票机。我一直认为，由基本原理决定的重量很好测出，由心理因素决定的投票很难评价。

——沃伦·巴菲特

寻找廉价股票的过程与探寻宝藏之旅多少有一点相似。在加州淘金的岁月，探矿者为了找到能让自己一夜暴富的黄金，就必须在泥土和岩石之间艰苦地挖掘和探索。同样，投资者要找到自己梦寐以求的宝石，也需要在无数的数据之中筛选和分析。探矿者需要锄头、铲子和淘金盘，这就是他们的致富工具。而投资者也需要合适的工具，在全世界数以千计的上市股票中分门别类，精挑细选。当我们试图用适当的货物填满这个价值投资商店的货架时，就必须了解和评价现有的所有商品。只有这样，才能发现符合你要求的对象。

在数据中淘出"黄金股"

最早涉足投资领域的时候，我只能在汪洋大海一般的股票里挑选投资对象，这无疑是一项既费力又烦琐的工作。那时，我只能

在《标准普尔公司名册》(*Standard & Poor's Directory of Corporations*)
上翻来覆去地分析和对比每一只股票的每股净流动资产 (Net Current
Assets per Share)。每股净流动资产也是格雷厄姆最喜欢用的价值评
价指标。他的选股过程总是从企业资产负债表上的流动资产（所有
现金、存货和对顾客的应收账款）开始。

　　他认为，流动资产是一个公司在短时间内最具变现性的资产。
之后，从流动资产中扣除公司的全部负债，如果结果是正值的话，
再除以流通股的数量，就可以得到每股净流动资产。只有股价达到
或低于每股净流动资产 2/3 的时候，他才会买入这种股票。尽管整
个计算过程看似简单，但却是一项枯燥乏味、费力不讨好的工作。

　　与此相似，我还要埋头苦读《波尔卡银行索引》(*Polk Bank
Directory*)。这本紫色封面、足有一英尺厚的名册几乎罗列了美国
的所有银行。

　　当时美国的每一个州均对设立银行采取属地限制原则，禁止
外州银行在本州开设分行，而每个州的银行都多达几千家。尤其
是伊利诺伊州的情况最为糟糕。该州居然不允许银行设立分行，
因此，伊利诺伊州的所有银行均是一个独立的公司。仅仅是研究
伊利诺伊州的银行，就足足花了我 4 个月的时间。

　　我当时的任务就是计算美国所有上市银行的账面价值。在计算
出各银行股票的账面价值之后，就可以和股票价格进行比较。如果
股价等于或低于账面价值的 2/3，我们就可以考虑买进。尽管这种
方法并不是非常精确，但我们还是买到了很多廉价的银行股票。

　　最终，各种包括所有上市公司年报和季报资料的数据库也应运
而生。Compustat 就是其中最早的一个。早在 20 世纪 80 年代初期，
我们就开始给 Compustat 打电话，根据我们提出的筛选标准，即市

净比、市盈率及价格－净流动资产比，在他们的屏幕上浏览美国各上市公司的情况。

尽管这些数据库还很简单、很原始，但毕竟是一个良好的开端。事实上，这些数据库对于投资的意义，并不亚于以点火器代替曲轴传动给汽车业带来的革命。

借助搜索引擎寻找投资对象

今天，我们可以用搜索引擎在整个世界的股票市场上筛选符合标准的投资对象。总体而言，我们更喜欢用"彭博"，这也是必须订阅的网上搜索引擎。

当然，互联网上还有很多这样的工具，比如说雅虎、Finance、Zack.com 和 MSN，全部为免费搜索工具。只需要敲击几下键盘，你就可以在屏幕上看到符合你标准的股票。如果把这些标准混合匹配在一起　计算机就会显示出所有可能成为你投资选择的候选对象。

就在写这段文字的时候，我还偷空看了一眼 Zack.com。此时，有 751 只股票的市价低于其账面价值，还有 752 只股票的价格相比于其收益买讲较为便宜，另有 95 只股票的价格在本年度前三个季度里的下跌幅度就已经超过 50%。再点击几下鼠标，我就可以看到，在过云的 3 个月之间，有 209 家公司的内部人士和公司官员大量买进所在公司股票。

不过，它们只是潜在的投资候选对象。在互联网上，不计其数的网站可以为我们提供这种具有升值潜力的股票名单。还有一些网站则专门发现那些由内部人士重仓持股或长期持股的公司。

如摩尔定律 (Moore's Law)[①] 所预言，计算机的能力将日趋强大，再加上互联网的日益普及，使得价值发现之旅比我刚刚入行时不知简单了多少倍。尽管还有工作要做，但我们毕竟已经能在几分钟内完成以前需要几天甚至是几个星期才能完成的工作。

超级市场每周都要发放特价广告，告诉顾客哪些商品正在打折出售，股票市场也是如此。在每天的《华尔街日报》《投资者商业日报》《金融时报》乃至任何一份当地的报纸上，我们都可以看到这样的消息。而在互联网上，《巴伦周刊》(Barron's)[②] 在每个星期六都要公布一次在最近一周创历史新低的股票名单。毫无疑问，这些股票就是我们进行价值投资的最好起点。

潜在候选对象≠投资对象

但是，搜寻表面上的廉价股票也仅仅是一个开端。盲目买进这些股票，或是依赖于这些搜索结果，很有可能会带来灾难性的结局。归根结底，它们不过是你财富商店货架上的潜在候选对象而已。因此，我们还需要深入研究这些商品，以确保我们买到的绝对是廉价的优质品，而不是粗制滥造、废弃陈旧、貌似便宜实则价格不菲的冒牌货。

全世界有 2 万多家上市公司，因此，要看遍每一家上市公司的年报，恐怕只能求助于伊夫林·伍德 (Evelyn Wood)[③] 的快速阅读法了。 这些信息或名单只能给我们发现潜在的廉价股票提供一

---

①由英特尔创始人之一的戈登·摩尔（Gordon Moore）所提出，其内容为：集成电路上可容纳的晶体管数目，约每隔 18 个月便会增加一倍，性能也将提升一倍，而价格下降一半。

②与《华尔街日报》同属于道·琼斯（Dow Jones）集团。

③ 1901～1995 年，美国教育家，发明了一种以文字交替阅读为方法的快速阅读法。

种方向上的指导，减少我们通过深入研究去了解的股票数量。事实上，每一个惨遭厄运的企业都曾经是这个名单上的一员，安然、世通以及 2002 年破裂的所有互联网泡沫，无一例外。既然保持安全边际是我们通过价值投资构建财富的核心原则之一，那么，认识这些投资候选对象自然也就只能是投资的起点，而绝非终点。

看看别人在买什么股票

　　一个聪明而又理性的店主肯定要经常光顾竞争对手的商店，看看别人的货架上有什么商品，哪些商品卖得最好，哪些已经变成毫无价值的积压品。因此，在积累价值投资机会这样的存货时，我们同样也需要这样做：了解其他价值投资者在干什么。实际上，晨星提供的共同基金排名服务，就可以把这变成再简单不过的事情。

　　所有基金经理每年都需要提交两份报告，以说明持仓的股票、债券及其他证券。这些报告就是我们发现宝藏的绝佳之处，它们将成为顶级投资者寻觅聚财良机的大本营。在这些股票中，我们可以找到以前搜索目标时遗漏的黑马，或是提示我们：手中的某些持仓股还值得进一步考虑。有些长期持仓的股票也许已经升值太多，以至于因为缺乏增长后劲而丧失吸引力。

　　但是，有些股票也可能成为基金组合里的新成员，因为它们的价格实在太诱人了，或许只有最幸运、最成功的投资者才有机会享受此天赐良机。基金经理的报告中还包括致股东信，投资者可以从中了解基金经理当前的意图以及他们对持仓股和市场大势的看法。所以说，只要点击几下鼠标，你就可以对顶级价值投资者的持仓情况和市场看法一目了然。

　　一旦找到这些顶级价值投资者倾力吹捧的股票，我们就可以更进一步。在雅虎等财经投资网站上，我们可以看看还有哪些同路人。其中有些人的名字不会出现在晨星上，比如对冲基金和私募基金的经理。在寻找投资机会的时候，这些股票同样也是值得我们研究的对象。

寻找公司的并购价明显低于实际价值的股票

　　另一种发现价值投资机会的方法是分析公司的并购价，从中寻找那些收购价明显低于实际价值的股票。对于那些想通过兼并进入某一特定行业的竞争对手或是大企业来说，这样的折价当然不会逃过他们的眼睛。在大多数情况下，收购或接管的价格都会非常接近企业的真实价值。在目光锐利的投资银行家、会计师和律师的手下，任何价格上的偏差在他们眼里都能成为机会。在评价公司收益、资产或是销售额时，了解业内的其他公司，再对比一下出售价格，就可以帮助我们发现那些出售价低于接管价值的企业，这些公司也许就是我们的价值源泉。在市场并购活跃的情况下，了解业内其他公司，将它们的价值和掌握完全信息的买家有可能支付的价格进行对比，恐怕是一件再轻松不过的事情了。明智的价值投资者可能会收集收购价信息，再据此计算价格销售额比、息税前利润（EBIT）比、息税前收益以及息税折旧摊销前利润等财务指标以及其他一些比率，然后再像我这样，把这些数据保存到数据库中以备后用。

　　无论是搜索财务数据库，还是观察其他投资者的选股，你都需要关注可能存在隐藏价值的任何蛛丝马迹。全世界有 2 万多家上市公司，因此，要详细调查每一家公司是不可能的。在这种情况下，我们只能像在丛林中跟踪猎物一样，在股市上寻找目标的蛛丝马迹。一旦发现某些有可能成为投资机会的目标，我们的价值搜猎之旅就会变得越来越轻松惬意。

1.投资者有时会存在过度研究。很多信息对于你投资是没有用的，是投资噪音。过度的研究，花费了很多精力是事倍功半。到什么程度？是足够就可以了，不是说越多越好。如果对某个企业有信心就多投一点，没有信心就可以少投一点，这些东西是自己根据自己的风险承受能力决定的。

2.除了网络和数据库，投资者还可通过以下方式获得投资信息：

● 有的公司在其证券部内专门设有负责与投资者关系的工作人员，投资者对关心和不明白的问题可以进行询问。

● 没有设立专门人员的公司一般由证券事务代表负责对投资者作解答。他们的电话或传真一般都是公开的，在股票软件的股票信息系统内都能查询到。

● 有的公司有自己的网站，网站上一般会开通与投资者联络的交流平台。投资者可以通过该平台咨询有关问题。

● 上市公司在融资的时候，经常会路演，也就是在公开媒体上的推荐会，投资者可以参加，现场发问，也可以通过收看了解相关信息。

● 参加股东大会时现场聆听与发问也是了解有关信息的好办法。

第 12 章

不碰垃圾股
将貌似便宜的冒牌货剔除出投资清单

价格便宜而负债率过高的股票是必须警惕的，但到底多高才是"过高"呢？

如果你90%的时间都在消费某种啤酒，为什么不99%考虑购买它的股票呢？

> 投资人总想要买进太多的股票，却不愿意耐心等等一家真正值得投资的好公司。每天抢进抢出不是聪明方法……近乎忘情地按兵不动，才是我们一贯的投资风格。
>
> ——沃伦·巴菲特

便宜货不便宜的时候怎么办？

在拟订了投资对象的候选名单之后，我们就需要确定哪些属于应该买进的便宜货，哪些应该敬而远之。在这个候选名单中，有些股票之所以便宜，是因为这些公司的基本面本身就存在根本性的问题，所以他们的股票根本不可能有什么价值。

在以往的几年里，环球电信 (Global Crossing)、安然、MCI、美国航空公司 (US Airline) 以及太平洋天然气与电气公司 (Pacific Gas & Electric)，都曾经堂而皇之地进入这个大名单，但此后的股价却一落千丈。最终这些公司都走上了申请破产的道路，股东们几乎赔得一无所有。因此，要实现积累财富的目标，我们首先要确定一只股票廉价的原因，弄清哪些股票几乎没有反弹的机会。

冒牌的便宜货一般价格较低，从比较效应来看，好像更便宜一些，所以有很多投资者也涉足其中，但往往不仅不赚反亏。因此，作为理性的投资者，要尽量回避这些股票。

垃圾股标志一：负债过高

便宜货之所以便宜，其首要原因同时又是最致命的原因在于其公司债务过多。在形势一片大好的时候，公司可以用大量的借债来弥补其现金流的短缺，因为他们相信：只要能持续增长，就能在未来履行偿还本金和利息的义务。遗憾的是，未来永远都是我们无法把握的。一旦出现经济衰退，那些债务缠身的公司就只能坐以待毙了。目前，几乎所有电信公司都在一厢情愿地假设：眼下的好时光将永久地延续下去，增长将成为未来的主旋律。然而，随着技术的变革以及竞争加剧所带来的价格下调，他们发现，自己正在债务的泥潭中越陷越深，以至于无法自拔。在晚年的一次采访中，格雷厄姆曾经提到了一个简单的财富衡量标准，即一个公司的财产应该是负债的两倍。这个屡试不爽的标准已经帮我躲过了很多因负债累累而无法经营下去的公司。

当公司增长业绩低于市场分析师的赢利预期时，也有可能会导致估价下跌，并因此而成为我们潜在的投资目标。华尔街的市场分析师似乎更看重短期收益，而忽视长期的成功。可以想象，每天都有数以千计的分析师盯着全世界股市的风吹草动，他们把这些信息传递给大型机构投资者和散户投资者。无数的投资体系都在义无反顾地坚持着这样一个准则：公司的市场表现超过分析师预期的时候，就是买进的时机，否则就要卖出。即便是极其不可靠的季度收益或年收益数据，似乎也无法动摇这种想法。但不容忽视的是，这些数字的精确性似乎与分析师们的薪酬毫不相干；相反，只有通过这些股票的交易为公司赚取的佣金，才是决定他们收入的依据。一般情况下，大型绩优公司推出的新股大多会持续走低，因为在华尔街铺天盖地的吹捧下，他们很难达到分析师们居心叵测的预期。不过，不能实现收益预期也不是什么性命攸关的事，这反倒有可能为价值投资者创造真正的机会，但如果这种趋势延续下去的话，股票很可能会一路跌个不停。

有些周期性股票也有可能成为潜在的廉价股。这些周期性股票的业绩极其依赖经济形势的变化。比如，即使是在经济不景气的时候，我们也无法取消食品、香皂、婴儿尿布之类的日常消费，但却可以暂停购置新车、洗衣机或是住宅等。因此，汽车、大型家用电器、钢铁以及建筑等行业都具有在繁荣和萧条之间的周期性变动，而股价很有可能反映出这种变化。尽管发达国家曾经历过不同程度和时限的经济衰退，但最终依然能走出低谷。因此，重要的是必须认识到，对于周期性企业来说，沉重的债务负担将让他们在经济萧条时面临无法克服的困境。因此，坚持回避高负债型企业这一投资原则，肯定会让你有所受益。

垃圾股标志二：劳资环境不佳

劳资协议也有可能会导致股价下跌。在经济景气时，有些公司和行业依然对工会的要求置之不理，尽管这些要求对他们来说并不是什么经济负担。然而，他们没有想到的是，这是在拿自己的未来作抵押。随着新的竞争对手进入市场，他们凭借高薪大量吸引人才，继而导致原有企业的利润不断萎缩直至消失。美国三大汽车公司或是那些大型航空公司就是最有说服力的例子。在很多情况下，工会并不情愿作出妥协。但不可否认的是，要把拿在手里的东西送回去绝对不是件容易的事，尽管不这样做也许会危及企业的存亡。虽然从长期看，高薪对管理层或工会而言可能都是有利有弊，但对股东而言绝对不是什么好事。老牌工业企业面临的另一个问题是养老金的资金不到位。很多大企业都有养老金负债，这是他们承诺给工人的福利待遇。但是，他们也许根本没有能力兑现这些承诺。一般来说，如果一家公司的养老金负债过多，或是劳资环境缺乏和谐性，最好还是把他们的股票放到"谢绝入内"的行列里去。

垃圾股标志三：公司的竞争对手效率更高

竞争加剧是另一个导致股价下跌的原因。一个行业的利润水平越高，就会吸引越多的竞争者。当一个国家的某个行业集中出现高薪酬和高费用管制并存的时候，形势也就恶化到了极点。因为其他不受此成本束缚的国家，正好可以用更低廉的价格生产和出口同类产品，比如说中国。

我们生活在一个全球化的世界里，只要出现了更便宜的产品和服务，企业和个人就会放弃价格相对较高的产品和服务，这是一个不以任何人的意志为转移的现实。纵览全世界，很多国家都曾经经历过这样的现实：外国的汽车、家电及其他产品制造商蜂拥而入，占据了本国的市场。事实上，尽管美国是绝大多数电子消费产品的发明地，但美国几乎已经不生产这些东西。至于爱国，那完全是另一回事，在残酷的现实前，如果让你用两倍于其他产地商品的价格去购买相同的产品，这显然有悖于人的本性。如果一家公司所面对的竞争对手效率更高、成本更低，最好的对策自然是婉言谢绝："谢谢，我不需要！"然后再看看下一只候选股票的情况。

垃圾股标志四：技术上容易落伍

"过时"是另一个造成股价下跌的潜在因素。我相信，以前的马鞭子或是摇把式汽车启动机的确是非常精妙的产品，但今天的人们根本就不需要这些东西。也许你早已不记得最后给电视买兔耳形室内天线或是室外天线是什么时候的事情了。

市场也许还会对这些东西有点零星的需求，但一个指望它们赚钱的企业应该是没多少寿命可言的。不妨以科技为例，"创造性破坏"（Creative Destruciton）[1] 的速度从来没有像今天这样令人瞠目结舌。更出色的新产品层出不穷，让人们应接不暇，使原有的产品转瞬之间便成了过时的东西。

新产品是消费者的福音，但却是传统企业的最大敌人。当我们可以在互联网上下载任何想看的电影时，还有谁会光顾Blockbuster音像店呢？今天，即便不出家门，我们也可以从NetFlicks预订各种电影。

既然每月只需要花 29 美元就可以购买 Vonage 的电话服务，为什么还要花 99 美元去买 Verizon 的账呢？所以，投资者应该避免涉足那些在技术上容易落伍的公司。这个世界变化得太过迅速了，以至于我们很难依赖那些在成本和品质上容易落后的产品或服务。

---

①指以效率更高的技术和劳动者，更新和取代效率较低的技术和劳动者。这一过程被已故奥地利裔美国经济学家熊彼特称为"创造性破坏"。

垃圾股标志五：财务报告过于深奥复杂

　　导致股价下跌的最危险因素，则是企业的欺诈行为或者说会计舞弊。尽管这些针对投资者的犯罪行为并不常见，也不是主流，而且大多数 CEO 也都能恪尽职守，关心公司利益和股东利益，但舞弊行为的存在却是不争的事实。近几年，历史罕见的企业丑闻频繁爆发。过去几年里，有关安然、帕玛拉特 (Parmalat)、泰科 (Tyco)、世通和其他一些公司的财务丑闻的报道，连篇累牍地出现在媒体上，这些丑闻成了街头巷尾谈论的话题。究其根源，很多丑闻只不过反映了一种在企业当中根深蒂固的思维：“数字说明一切。”此后，尽管管理机构为避免此类事件再度发生而采取了大量的措施，不过我觉得企业在这方面的诡计依然层出不穷。事实上，舞弊行为的形式五花八门，也存在于各行各业当中。在这些行为大白于天下之前，也许我们根本无从得知。但是，等到我们知道的时候，却往往为时已晚。因此，投资者所能做的，就是一定要弄懂那些深奥复杂的财务报告。

　　总而言之，最佳的投资对象应该是那些所在行业能为一般人所了解的公司。正如巴菲特最喜欢说的一句话：如果一个公司也有一条护城河保护的话，那就再好不过了。这条护城河既可以表现为专利的形式，用来保护我们所需要的某种基本产品，也可以是一种具有广泛认知度的品牌名称。不管形式如何，它的作用就在于抵御外来竞争。此外，这条护城河的规模也可以有所不同。恐怕没有几个人想创办一个可以和沃尔玛分庭抗礼的企业。竞争是市场上永恒的旋律，任何保护性措施都只能是暂时的。但这条护城河至少让企业在很多年里守卫自己的领地。

绩优股：银行和日用品

我喜欢那些我自己了解同时又有市场需求的企业。银行就是一个最典型的例子。当人类摆脱游牧生活之后，银行就成了人类必不可少的需求。银行也许是最古老的行业，人类还从来没有发明过比银行更美妙的东西。随着金融资产的增加，银行也随之而发展。尽管银行业一直是创新与发明的先驱者，但它们却很少因此而得到称赞。大多数人觉得银行乏善可陈，不过是古老经济的残留物而已。但是，如果没有 ATM、借记卡或是贷记卡的话，我们的生活会是怎样呢？在现今的发达国家里，也许有一半的人从未体验过没有自动取款机的生活。

我对食品、饮料、去污剂、牙膏、钢笔和铅笔之类的日常消费品还算情有独钟。很多这样的产品都具有较强的品牌忠诚度，促使我们日复一日、年复一年地去购买同一品牌的产品。假如你偏爱某一种啤酒，就会在 90% 的时间里去消费这种啤酒。从卫生纸到面条，几乎无一例外。人类天生就是受习惯控制的生物，因此，我们总会在消费的时候不厌其烦地重复着同一种消费偏好。

拒绝你不了解或感到不舒服的东西

我一直对自己的投资候选对象持谨慎的怀疑态度。在建立我的价值投资清单时，我最好的朋友也许就是"谢谢，我不需要"，它让我避免了很多不必要的损失。假如说有什么你不了解的东西或是让你感到不舒服的东西，最好把它们归入到"谢谢，我不需要"这个行列。如果一个企业有着太多的问题：太多的债务，太多的劳资问题和养老金问题，还有残酷无比的竞争，别犹豫，放弃就是最好的选择。在我的仓库里，永远也不缺少让我感到神清气爽的东西。有了它们，我就可以高枕无忧，我的财富就可以与日俱增。

1.你买一种股票时不应因为这种股票便宜而购买而应该因为你很了解它。当然，如果这种股票已经不能再便宜了那就一定要买。

2.什么叫"价值陷阱"？看起来便宜而实际上不便宜的股票，让你亏了钱以后还不知道怎么亏的。究其原因，是这类公司一般都有致命的诱惑力。表面上看，它们好得几乎无可挑剔：市盈率不高，负债率也不高等。"价值陷阱"的公司通常有两类：一是夕阳行业的公司，二是不思进取的公司。

有一个方法可以辨别一个公司是否懒惰：看看它的销售额和毛利润在最近几年的变化。进取的公司热火朝天，不思进取的公司一潭死水。

第 13 章

资产负债表
企业的健康水平如何

Give the Company a Physical   Give the Company a Physical   Give the Company

为什么传统行业的大公司可以多借一些
外债，而科技行业的年轻公司则不行？

> 我从事投资的时候，主要观察一家公司的全貌，而大
> 多数的投资人只盯着它的股价。
>
> ——沃伦·巴菲特

　　在手里准备好了一张候选股票的名单，并且确定了这些股票
之所以便宜的原因之后，我们便可以着手研究这些股票是否真的
物有所值了。首先，我们从资产负债表入手。医生首先要咨询患
者的病情，以便了解患者目前的状态。同样，分析资产负债表也
可以帮助我们认识公司目前的状况。只有全面了解所有的明显症
状，医生才能作出诊断。而资产负债表就是一个公司最有效的病
历记录，它是公司在某一时点上财务状况的快照，它可以精确地
说明公司当前的偿付能力和财务状况。

　　只有从这里出发，我们才能真正了解这家公司的资产到底是
多少，有多少负债，持续经营所依赖的资源是什么。通过资产负
债表，我们可以了解哪些资产可以快速变现为现金以及公司所拥
有的固定资产是什么，譬如说房屋和设备。资产负债表还可以说
明公司拥有多少货币资金，有多少净资产。

　　实际上，资产负债表和你在申请贷款时需要填写的个人信息

表有异曲同工之处，它能够体现出一家公司所拥有的综合的经济资源。一个结构优良的资产负债表预示着公司有良好的运行状况和抗风险能力。

体检项目一：流动性

资产负债表上最重要的特征之一就是流动性。流动性是一个企业在短期内持有的现金资产的数量，它是企业抵御经济周期变动的缓冲器，可以用来支付股利和回购股票，帮助企业充分抓住可能出现的机会。此外，它还可以帮你确定公司是否负债过多，在经济不景气时是否有足够的资本持续经营。

在资产负债表上，我们第一眼看到的应该是流动资产。它包括公司的全部现金以及在相对较短时间（比如说一年或不到一年的时间）内可变现为现金的所有资产。其中包括国库券之类的短期投资、随时可用于销售的产成品或是正在加工的产品以及因顾客购买其产品而形成的应收账款。

然后是资产负债表上的流动负债。流动资产是一年或一年之内可变现为现金的资产，同样，流动负债则是在一年或一年之内需要偿还的债务。它包括因公司借款而产生的应付利息，对供应商的应付账款以及已到期但尚未支付的税款。用流动资产除以流动负债，我们就可以得到资产负债表上的一个重要分析指标：流动比率。这个比率反映了一个公司对短期债务的偿还能力。按照经验，该比率保持在 2：1 的时候比较合理。也就是说，一个公司的流动资产数量最好应该是流动负债的两倍。尽管最合理的比率还是要服从实际情况，但是在这个问题上，我偏向于采取保守的做法。

此外，我们还可以利用这个数据对同一行业内的不同企业进行对比。与行业平均标准相比，较低的流动比率可能预示着企业存在流动性问题。同样，纵向对比也可以说明一些问题，比如，逐年下降的流动比率可能预示企业的流动性正在恶化。

另外，分析短期项目之间的绝对值关系也可以揭示出某些问题。用流动资产减去流动负债就可以得到营运资金。按照经验，营运资金应该是多多益善。分析这个指标的纵向增减情况也是一个重要的手段。对流动比率稍加调整，就可得到速动比率，即扣除存货后的流动资产与流动负债的比值。尽管存货一般都能转化为现金，但是在快速变现的情况下，就有可能无法按账面价值收回存货的全值。该比率有时也被称为"酸性测试比率"（Acid Test Ratio），它能清晰地反映出企业用短期资金偿付短期负债的能力。了解存货的纵向变动趋势，可看到存货与销售额的比值是否逐年稳步增长。存货积压量的增加可能说明它们的市场吸引力正在下降，赢利能力将受到威胁。

体检项目二：长期资产与长期负债

现在，我们再来看一下公司的长期资产和长期负债情况。长期资产包括不动产、厂房、仓库和设备以及长期持有而不准备在短期内变现的子公司投资或股票投资。专利权、商标权或版权等无形资产也属于长期资产。

由于无形资产的价值难以确定，因此，我倾向于在计算长期资产时不考虑无形资产。无形资产的价值应反映在公司的收益上，这是我们将在下文讨论的内容。

了解了公司的长期资产状况之后，我们就可以着手分析它的长期负债了。长期负债包括一年以上到期的债务，具体包括银行贷款、公共机构和私人机构发行的债券以及房产设备的长期租赁。在这里，了解纵向变动关系同样也可以为我们提供有益的参考。负债的增长速度是否超过资产呢？如果是这样的话，就可能说明，公司只能依靠借越来越多的钱来维持眼下的周转。与此同时，如果公司的长期负债逐年下降，而资产却在逐年增长，则意味着公司正在创造多余的现金，并用这些现金来偿还债务，毫无疑问，这是一个利好消息。

体检项目三：所有者权益

用公司的全部资产减去全部负债，我们就可以得到这家公司的所有者权益，或者说账面价值。我们已经在第 5 章里详细地讨论过账面价值问题。这个指标最终反映了一家公司通过举债、收益留存以及再投资所积累起来的全部净资产。同样，我喜欢从所有者权益中扣除无形资产，这样可以更准确地反映一家公司在必要时可能变现的净资产数额。

体检项目四：权益负债率

另一个能反映企业偿债能力和持续经营能力的指标是权益负债率 (Debt-to-Equity Ratio，也称作杠杆比率)，它等于公司的全部负债 (短期负债和长期负债之和) 除以所有者权益。如果该指标的数值大于 1，说明公司的主要资本来源是借债，而不是权益投资。

分析到这里，似乎资产负债表已经没有什么可深挖的地方了，但实际情况却恰恰相反，还有很多需要我们进一步研究的东西。对比同行业不同企业之间的情况可以给我们带来很多启示。和一个年轻的科技类公司相比，面向公共事业等稳定领域的公司可以维持更多的债务，而前者则需要大量的现金进行新产品的研发。一般情况下，较高的权益负债率意味着公司更多地依赖负债实现其增长。通过增加负债实现杠杆经营，对企业而言就像是一把双刃剑。如果公司把借来的钱用于投资，并获得高于其利息的收益，这个公司就可以在短期内实现利润的增长。反之，如果投资的收益还不足以维持利息支出，公司就存在着因到期无法偿还债务而走上破产之路的风险。

资产负债表只是分析的起点

资产负债表只是我们分析的起点，其主要目的是了解企业是否存在严重问题，其严重程度是否已经超过我们最初的判断。在评价资产、负债以及营运资金绝对数量的同时，了解它们各自的变动趋势，也可以为我们认识一个企业的财务状况是否健康，前景是否光明提供有用的信息。此外，对比同行业中不同企业之间的杠杆比率，还可以分析其竞争地位及其抵御市场波动的能力。

从这里出发，我们可以认识到一个公司的账面价值情况是否稳健。不妨回想一下，低市盈率是优质股票的重要特征之一。如果一个公司的账面价值包括信誉之类的无形资产，或者存货数量相对于销售收入过高，它的股票就不一定是我们所想象的便宜货。但是在某些时候，你也许会发现账面价值被低估的情况。多年以前购入的土地或股票投资也许仍被置于资产负债表的成本项目中。随着时间的推移，这些资产也许已经出现了增值，股票也有可能比我们最初想象的便宜得多。以往，我曾经多次发现这样的情况，尤其是国外股票。

请记住，在投资这场比赛中，胜利就意味着不赔钱。稳健的资产负债表就是一家公司生命力、抵抗力和持久力最好的来源。

假如你已认定一家公司具有坚实和让人满意的财务基础，那么，你就可以着手了解它的收益情况了。

1. 市销率最适合评估暂时出现亏损或是利润率低于企业潜能的企业。如果一个企业具有提高利润的空间，而且又拥有较低的市销率，或许它就是你要寻找的便宜货。

2. 市净率适用于金融公司，因为这些公司的账面净值更准确地反映了企业的有形资产价值。一定要当心超低的市净率，因为这有可能说明账面价值有问题。

3. 一定要注意计算市盈率（P/E）时采用的是哪个"E"。最适宜的就是自己的"E"：看看公司在顺境和逆境时的表现，再想想未来会比过去好转还是恶化，据此估计公司未来的年均收益。

4. 市现率可以帮助我们发现现金流出高于收益的公司。它最适合能先拿现金后服务的企业，但是对于拥有大量计提折旧且将来需要替代的硬性资产的企业，则存在高估利润率的弊端。

5. 通过以收益率为基础的估值，我们可以直接与债券等其他投资进行比较。

第 14 章

损益表

企业是赚得多还是花得多

sical Exam, Part II Physical Exam, Part II Physical Exam, Part II Physical Exa

当年，许多投资分析师因未识破安然公司损益表的漏洞而成为其股票追随者。作为普通人，与其迷信这张表，何不干脆抛弃它？

> 证券分析应当简约，如果数据看起来是正确的，而且管理层知道他们正在做什么，为什么还需要一份长达40页的报告呢？

——沃伦·巴菲特

如果你认为一家公司有一张漂亮的资产负债表，一个坚实的财务基础，那么接下来，你就可以着手检查它的损益表 (Income Statement) 了。简单地说，损益表记录了公司在一定会计期间收入了多少钱（销售额或收入额），以及同期花了多少钱（费用）。大多数公司同时按季度和年度编制损益表。由于某些公司的经营具有明显的季节性，因此，年度损益表更具有参考价值。在零售业务中，由于大量的收支活动集中发生在年底，导致零售商经营的波动性更强。你要记住，大多数股票的价格是由收益能力决定。

收支项目一：销售额或营业收入

损益表中的第一部分是公司的销售额或营业收入 (Revenues)。两者之间往往是相互转换的。通常，服务型企业表现为营业收入，而制造型企业则表现为销售额。营业收入和销售额就是一个公司

的命脉。没有了收入，企业就不可能取得利润。实际上，给定的
多年的收益额更为重要，因为只有在不同年份之间进行比较，才
能显现它的真正意义。大多数公司在年报上同时列出以往五年的
收入和收益。分析损益表上的收益增长率，可以帮助我们认识企
业的业务发展情况如何。随时间而增长的收入是好现象。相反，
收入下降则是需要我们警惕的信号。此外，很多公司设有多个部
门，每个部门生产不同的产品，按部门或产品线对收入进行分解，
可以帮助我们了解收入的真正来源。就整个公司而言，一个业绩
非凡的部门可以掩盖公司核心业务中所存在的问题；相反，一个
业绩拙劣的部门却可以抵消核心业务的综合优势。这一点不仅适
用于收入，也适用于净收益。

在分析了收入之后，我们再来看一下损益表上的费用分账。
首先是销货成本 (Cost of Good Sold)。它是公司生产产品或提供服
务所耗用的直接成本。

销货成本包括生产产品所耗费的原材料、制造费用和人工成
本。在不同的时期内，这个数字可能会有所波动。如果销货成本
相对于收入的比例有所提高，这就有可能说明，随着无法转移给
顾客的成本不断增加，公司的长期赢利空间正在受到挤压，这也
有可能反映了竞争的加剧，导致企业赢利能力的萎缩。在某些情
况下，较高的费用可能意味着因经济周期或其他原因造成的需求
不旺。为了削减存货，公司经常要对商品进行打折出售。

收支项目二：毛利润与净利润

从收入中扣除销货成本，我们就得到了毛利润 (Gross Profit)。

而毛利润占销售额的百分比就是毛利率。

我比较看好毛利率非常稳定的企业，但这样的企业在现实生活中却屈指可数。毛利率往往会随着产品或服务需求的变化而出现波动。毛利率越稳定，说明企业的经营状况越好。现在，我们再从毛利润中减去营业费用（Operating Expenses，也称为"销售及行政费用"）。

此类费用包括用于总部日常运行的固定性开支以及与生产产品无直接关系的员工工资。这个数字占销售额的百分比越低越好。较高或是不断增长的营业费用，可能意味着工资膨胀或是费用管理不到位。扣除营业费用后的结果就是营业利润（Operating Profit），或者说息税前利润。

我喜欢用这个指标来评价一个公司的价值，因为它是潜在收购者最有可能关注的数字。营业利润减去利息费用、税款和折旧，其余额就是这家公司当期的最终收益。折旧反映了企业的建筑物、机器设备等固定资产因磨损而丧失的价值。还有一些项目既可能是营业利润的增加项，也有可能成为扣除项。在有些市盈率达到六七倍的公司，可能存在着因出售下属子公司或不动产而产生的一次性收益。

由于这种一次性事项属于非正常经营业务，不可能每年都会出现，因此，在分析时应剔除这些一次性收益。它们的发生几乎没有任何可预测性。

此外，还有某些非正常损失，比如说因关闭影响公司持续经营能力的亏损部门而发生的费用。你可以认为，在没有这些非正常损失的情况下，下一年度的收益将有所提高，因此，股价也许会比你最初设想的价格更便宜。

收支项目三：每股收益

在考虑到全部费用并得到净利润之后，我们就可以计算用于评价股价的每股收益 (Earnings per Share, EPS)。用净收益除以流通股的总数，就是这家公司的每股收益，很简单，是吧？不过，这还不够精确。

很多公司向管理层发放了可转换为股票的期权，发行债券、优先股或是可转换为股票的认股权证。因此，你还需要计算出所有可转换票证转换为股票的稀释之后每股收益 (Diluted EPS)。如果这个数字和最初 EPS 相比非常低的话，这就是一个信号：股票并不像原来想象的那么便宜。在这里，我喜欢采用息税前利润来计算常规每股收益和完全稀释后的每股收益。我认为，这样计算出来的指标能更准确地反映企业的赢利能力。

损益表中最能说明问题的，是各项指标在未来 5～10 年的变化趋势。收入到底是在增长，还是在下降？费用与收入是否协调一致？利润是否稳定？对于那些受经济形势影响的公司，其收入是否体现出周期性？利润是否在增长？是否存在大量可用来操纵或粉饰公司自身经营状况的一次性费用或收入？

此外，我还会关注流通股的总数。该指标的增加可能说明公司为高管提供了太多的股票期权，而这又将稀释每股收益的最终数值。流通股的增加还有可能意味着，公司的资金来源更多地依赖于发行股票，而不是创造收益。而流通股的减少则有可能表明，公司正在大量回购其股票，我们曾经在第 9 章里讨论过，公司回购股票对投资者而言是一个好兆头。

但归根结底还是要关注公司的下一步动作。有时候，尽管公司

143

宣布了回购股票的计划，但却从来没有进行过真正的回购。通过损益表，我可以看到流通股的数量是否在逐年下降。

收支项目四：资本收益率

在了解了公司的收益之后，你就可以重点把握其他几个重要比率了。我比较看好的重要比率之一就是资本收益率（Return of Capital，也称 ROC），它等于会计期内的收益除以年初股本（所有者权益与负责之和）。

该指标可以有效地反映一家公司利用其资本赚取收益的能力。和资本收益率较低的公司相比，资本收益率较高的公司更有可能以内部资金为企业增长提供融资。同样需要关注它的变化趋势。至少我是偏向于资本收益率较为稳定的公司。因为这可以说明，公司管理层对每年的投资以及利润再投资的管理是有效的。ROC 的增长可以告诉我，公司对利润进行的再投资卓有成效。相反，ROC 的下降——尤其是持续性的下降，则有可能意味着企业在目前管理层的手口，业务并没有实现增长，再投资的增长幅度低于赢利率的增长水平。我理想中的公司应该是需要更多的资金，然后以更高的回报率进行再投资的公司。但理想毕竟是理想，现实的情况往往与此相去甚远：再投资收益率大多日渐萎缩。

20 世纪 50 年代，菲利普·莫里斯（Philip Morris）[1] 公司曾经是美国赢利率最高的公司之一，但它所销售的产品毕竟是不被人看好的烟草，因此，其股价只有税后收益的 9 倍。（在这里，我的

---

[1]世界上最大的包装食品公司和最大的卷烟生产公司，世界第二大啤酒生产企业，美国最大的食品生产公司。著名的万宝路卷烟就是由该公司生产的。

本意绝对不是对烟草业务有什么偏颇之词。）当时，菲利普·莫里斯公司并没有把收益再投资于烟草业务，因为他们的赢利能力已经足够高了，根本就不需要任何新投资。于是，公司启动了一系列针对食品类公司进行的收购计划，他们希望能借此改善自己的社会形象。他们按 15 倍于收益的价格收购了通用食品公司，以近 20 倍于收益的价格收购了卡夫食品公司 (Kraft General Foods)。相比之下，只有 9 倍市盈率的股票成了优质的便宜货。如果公司回购股票，或是拿出大把的股利，岂不是让菲利普·莫里斯公司的股东大发一笔吗？

收支项目五：净利润率

净利润率也是非常重要的指标。只要用收益除以总收入，我们就可以得到净利润率。

如果一家公司的利润率一直处于上升趋势，那么，每销售一美元的货物都会对销售额产生放大作用。在这里，我同样偏爱利润率比较稳定的公司。如果投资者关注企业的净利润率，他也许就会预测到，前几年出现在电信、计算机和汽车领域的价格大战，必将对收益产生消极的影响。因此，他们就有可能在价格暴跌之前抛出这些股票。利润率的下降还有可能预示着管理费用的无序膨胀、管理上的疏忽或是令人窒息的市场竞争，所有这一切都是我们在寻找猎物时应该避免的。

初看之下，损益表分析似乎并不是一件容易的事情，但实际上我们完全可以轻松自如。在对你需要的数据有了最基本的认识后，进行某些重要的计算和比较也就变得轻而易举了。如果你实在不理解一家公司的损益表，那么，你最好还是把它放到"谢谢，不需要"的行列里，绝对不要认为是因为你不够聪明以至于无法理解这些数字。尽管很多声名显赫的资深分析师并没有识破安然的损益表，但这并没有阻止他们成为安然股票的狂热追随者。

　　现在，我们就得到了最终的投资对象候选名单。在我们看来，这些公司都有着稳健而出色的资产负债表和损益表，接下来，我们们的工作就是集中汇总，做出最终抉择。

1. 一个能长期实现现金盈利增长的企业，要比那些只能实现短期现金盈利增长的企业更有投资价值。

2. 资本回报率是判断一个企业盈利能力的最佳指标。它反映了企业用投资者的钱为投资者创造收益的能力。当你购买了一只股票后，其股价上下波动只能说明有人愿意付更多或更少的钱去购买同一商品而已。

财富点津

第 15 章

谁是真正的绩优股

深入认识公司运作状况

为什么万宝路香烟的制造商可以随心所欲地提高每包香烟的价格，而沃尔玛可以不断降低价格？

为什么百事可乐每推出一种新口味配方，可口可乐就不得不花钱找对策？

> 价格波动对于真正的投资者来说只有一种有意义的内涵。波动为他提供了这样一种机会……如果他能够忘掉股市而把注意力转移到公司的运营结果上，那么他就会做得更好。
>
> ——沃伦·巴菲特

如果你真想由表及里地了解公司的真实情况，认识它的竞争力和增长前景，你首先应该回答这样几个问题。

账面价值、收益以及资产负债表分析，这些指标都是识别优质股票的关键。但是，如果成功的投资真像数学公式这么简单，那么这个世界上也就没有失败的投资者了。事实上，要找到真正物有所值的股票，还是需要一点艺术的。因此，你应该对手头的候选名单进行一番更详细的剖析。首先，你需要深入认识这些公司的运作状况和竞争态势，它可以帮助我们更深刻地认识这些公司以及它们作为投资对象所具有的潜力。

1. 公司产品的基本定价状况如何？产品售价能否提高？

在成本保持不变的情况下，产品价格增加 1 美元，就意味着税前利润增加 1 美元。对于产品需求旺盛的公司，只需要提高价格就可以得到更多的利润。如果成本保持不变的话，任何多赚到的 1 美元都会成为公司的利润。多年以来，菲利普·莫里斯几乎可以随心所欲地提高每包香烟的价格。同样，由于产品供不应求，哈雷－戴维森 (Harley-Davidson) 可以把哈雷摩托车的价格抬得很高，而竞争对手却束手无策。

另一方面，在异常激烈的市场竞争环境中，技术类企业则很难提高价格（如果你不降价的话，随时会有一家计算机公司接受更低的报价）。百货业也面临着这样的局面。沃尔玛之所以能通过低价格给其他竞争对手造成强大的压力，在于他们的大批量低成本采购以及对其他经营费用的有效管理。此外，如果某一行业的需求呈整体性衰退趋势，那么，这个行业就不可能存在涨价的空间。

在过去的几年里，有些事件和趋势可以让某些行业在不承受任何压力的情况下提高价格。比如说，不断膨胀的市场需求为住宅行业的涨价创造了空前的契机。在卡特琳娜飓风之后，个人和企业纷纷开始购买附加灾难险。于是，保险公司不失时机地进行了提价。一个行业的竞争越微弱，就越容易提高价格。

2. 公司能否增加销售量？目前的销售量状况如何？

在毛利率保持不变的情况下，增加 10% 的销售量就可以带来 10% 的毛利润增长。同样，如果成本不变的话，税前利润也会同比增长。增加赢利最简单的方法，就是卖出更多的产品或服务。假设成本保持稳定，销售量的增加必然对应着利润的增加。

20 世纪 90 年代初，由于担心医疗制度改革，强生公司进行了业务出售，但当时的公司状况并没有出现任何恶化的迹象。老龄人口的增加，注定要增加对处方药以及泰诺等非处方药的需求。

最近，政府对制服和防护服装出台了更为严厉的安全条例，这无疑将推动此类产品的市场需求。

但需要注意的是，必须保证销售额的增加不是通过有奖销售或是免费搭送而实现的。2005 年，美国汽车业迎来了难得一遇的销售大潮，但却几乎没有带来任何收入上的增加。所有人均可享受的朋友及家人优惠定价政策，严重损害了企业的收益率。再看看旅行社的订票业务，既然可以在线预订机票和旅店，谁还需要他们呢？

3. 公司是否能在维持现有销售量的情况下增加利润？

这就引出几个关于毛利润和毛利润率的问题：毛利润在销售额中的比重情况又怎样呢？在价格、业务组合或是销货成本中的特定成本发生变化时，毛利率可能会增加或是减少多少呢？如果不能增加销售量的话，能否从已售商品中榨出更多的利润呢？公司能否通过变更供应商或是运输方法来削减成本呢？在 ABC 冰激凌公司的例子中，能否通过改变产品组合，提高赢利水平较高的产品来提高利润率呢？

2006 年，由于发行量停滞不前以及广告收入的下降，很多大型媒体公司选择了多元化经营的思路，逐步摆脱对主流报纸业务的依赖。《纽约时报》以及《先驱者》(Tribune) 等报业公司开始涉足利润空间更大的在线业务，实现了收入和利润的大幅增长。而只要能从某一产品线多榨出一点利润，沃尔玛就会毫不迟疑地更换供应商。

此外，我对无法控制其基本成本的公司也会倍加谨慎。卡车和航空运输类的行业几乎对油料成本毫无控制力，而饼干公司同样也无法控制糖料的成本。

152

4. 公司能否控制其费用支出？

这就引出几个与成本和费用相关的问题，营业费用占销售额的百分比如何？费用是否有所变化，如果有的话，是如何变化的？公司是否有办法削减与成本无关的费用支出？管理费用、工资及其他员工费用是否超支？公司能否停用成本过高或是已经过时的生产设施？是否能通过新技术来提高公司的总利润？能否通过裁员来减少管理费用？能否按更低的利率重新举债，从而以减少费用达到增加利润的目的呢？但是，在更多的情况下，公司在日益膨胀的费用面前只能束手无策。

因此，削减费用开支是恢复企业利润率的当务之急。因为省下的任何 1 美元，无论是用于办公用品还是医疗成本，最终都将成为利润，帮助企业恢复原有的利润率。

5. 如果公司提高了销售额，其中有多少会形成最终利润？

如果销售额的增加不需要追加任何成本，那么，增加的每一分都将成为利润。但是，如果公司为了增加销售额而不得不雇用新的销售员，修建新建筑，或是增加运输成本，增加的收入就不会全部转化为利润。我们曾经提到过，如果销售额增加依赖于提高薪酬或是降低价格，利润的增幅就必然要小于销售额的增长率。一般情况下，为提升销售收入和市场份额所支出的成本可能会降低利润率，甚至会削减公司的实际利润水平。

在业务增幅超过收益潜力的技术类公司中，经常会出现这种情况。沃尔玛和哈雷－戴维森则是另一个极端的典型案例，它们在维持收入强势增长的同时，实现了税前利润率的稳定甚至是增长。

6. 公司是否能保持原有的赢利能力，或者说，至少能达到其竞争对手的赢利能力？

我经常能看到一些在赢利能力上今非昔比的公司。如果这仅仅是暂时性问题，公司应该尽快恢复其原有的赢利率。类似的原因可能包括管理上的失误，新产品大量上市，或是暂时性的费用失控。当然，利润下降也有可能是出于外部的原因，比如说利率的上涨，或者是我们今天所看到的能源及原材料涨价。一旦明确了问题的根源，我们就可以判断这些问题能否解决，利润能否恢复到以前的水平。如果我看到一家公司的利润水平远远低于行业内的其他公司，我就要分析一下，它和竞争对手的差异何在。管理层能否实施调整，赶超其对手？

7. 公司是否存在以后不需支付的一次性费用支出呢？

我们经常会遇到公司收益因一次性费用或支付而出现下跌的情况。比如说并购成本或关闭工厂设施而造成的损失。其他的一次性费用还包括法律诉讼费（烟草和军火公司可能会经常遇到这种情况）以及关闭亏损部门的费用等支出。如果利润的下降的确是因为一次性费用造成的，我们就可以认为，收入能恢复到以前的水平，股价很可能会上涨。

8. 公司是否存在可以放弃的亏损业务？

就像前面提到的 ABC 冰激凌公司一样，很多公司都可能有一个亏损部门，而其他部门却保持着良好的赢利状况。比如说，在一个零售链中，总有一些商店的赢利水平低于大多数商店。如果能出售或关闭这些部门或机构的话，损失的减少就可以转化为收益的增加。我对此深有感触，James Crean① 就是这样做的。在我第一眼看到它的时候，并没有感觉它的股票有多便宜，但内部人士频繁买进该公司股票引起了我的好奇心。通过深入分析后发现，该公司正在出售多项业务，而由此带来的收入显著改善了资产负债表反映的财务状况。1997 年，这家公司的股票价格实际上只相当于调整后账面价值的 65%。1996 年，我还曾遇见过一家名为"国民教育"的公司，该公司有两个部门处于赢利状态，还有两个部门则一直在亏损。管理层当机立断，适时采取了调整措施，股价也因此翻了一番。在很多情况下，放弃亏损业务往往是一个公司提高股价所能采取的唯一手段。

9. 公司能否对华尔街分析师们的赢利预期泰然处之？

尽管我在选股和估值时很少依赖预测，但我还是想知道，公司管理层对分析师们的收益预期有何反应。根据他们预期的高低，我就可以判断，如果实际收益未能达到市场预期，就有可能导致股价下跌，而超过预期则会推动股价进一步上扬。

10. 公司在未来 5 年内的增长状况如何？如何实现增长？

我想知道的是企业对未来 5 年内的增长有何打算。通过管理层的信心及其实现业务增长的能力，我就可以得到最有力的证据：我们可以期待身陷低谷的股价到底能实现怎样的反弹。我还想知道公司准备如何实现计划中的增长，是开办新的网点，还是选择打入新市场？是否会通过收购其他公司来提升收益水平？实现增长是否需要以牺牲利润率和净资产回报率为代价？我更想知道，

---

① 一家从事多种业务的小型爱尔兰综合企业。

管理层是否有实现其增长目标的计划？是否有能力对实现增长所需要的成本和费用加以掌控？如果收入不能创造额外利润的话，这样的收入显然不足以实现真正的增长。

11. 公司将如何使用经营活动产生的多余现金？

对于没有采取股利形式分发给股东的利润，将形成公司的留存收益。管理层打算如何使用它们？如果一家公司处于赢利状态，并形成多余的现金，公司将如何处理呢？公司是否会增加发放给股东的股利呢？还是用这些资金再次投资于新的店面或工厂呢？当然，多余的现金也可以用作收购其他公司或回购股票。在这个问题上，我想知道的是，这样的投资能得到什么回报呢？合理利用多余的现金流可以显著增加未来年度的收入和利润，这自然是股价上涨的最大利好消息。而资金的不当利用，则有可能导致利润和回报下跌。

12. 公司认为竞争对手将会采取什么样的行动？

了解对手的一举一动绝对是商家制胜的法宝，至少在一般情况下可以这么说。Lowes 如何解释其商业计划，注定会对 Home Depot① 的经营产生重大影响。沃尔玛的业务增长计划对大型日杂货连锁店来说当然是晴空霹雳。如果一家汽车公司决定利用有奖销售和折扣的方式进行促销，其他公司就会作出相同的反应。否则，他们就要冒着丧失客户的危险。如果百事可乐推出一种新口味的配方，可口可乐也许就不得不花钱找对策，拿出可以与之

---

① Lowes 和 Home Depot（家得宝）均为美国的大型家具巨头。其中家得宝是全球最大的家具建材零售商，美国第二大零售商。

匹敌的产品，否则就有可能丧失市场份额。就像任何人都不可能永远生活在孤岛上一样，任何一个企业也不可能存在于真空之中。在市场上，竞争是永恒的主题，它随时会让你失去手里的收入和利润。

13. 公司的财务状况与同行业其他企业相比的结果如何？

在这里，我想知道一个公司将如何囤积力量，应对竞争。是否能获得与竞争对手相一致的净资产收益率？公司的债务水平是多于对手，还是少于对手？如果负债远远多于其直接竞争对手，在未来的年份中，偿还债务的压力就可能导致公司无法与竞争对手分庭抗礼。公司的市场价值是多少？为什么亨氏食品公司的股票市盈率可以达到 20，而卡夫股票的市盈率却只有 15 ？其他投资者是否还注意到了我忽略掉的东西？

14. 假如进行整体出售的话，公司能值多少钱？

在目前的股票估值中，如何回答这个问题已经变得越来越重要了。在 20 世纪 70 年代的时候，我就已经开始据此进行估值选股了。那时，有些电视台的股票市价明显低于同类公司的售价。当时的标准收购价是现金流的 10 倍，而我在购买 Storer 广播公司的股票时，价格却只有现金流的 5 倍。最终的结果可想而知。

今天，计算股票的收购价已经成了惯例。在 20 世纪 80 年代中期，我们曾经计算了食品类股票的收购价与现金流之比，并据此对通用食品等几家公司进行了投资，事实证明了我们的判断是正确的。因此，每当我考虑一只股票的时候，都要了解其近期收购以及部分业务出售所实现的收益水平和账面价值。

15. 公司是否计划进行股票回购？

　　我需要知道公司是否已经宣布回购其股票，并通过检查该公司各季度的流通股数量，判断其是否进行了回购。并非所有对外公布的回购计划都能诉诸实践。此外，很多回购也仅仅是为了满足可转换工具或期权转股的要求。因此，我需要了解公司的流通股份是否确实通过回购而减少。

16. 内部人士在干什么呢？内部人士（公司的管理层）是在购买自己的股票，还是在抛售这些股票？

　　我们已经讨论过内部人士买入股票的利好效应，但抛出股票也未必就是什么坏消息。某些情况下的抛售仅仅是出于个人原因，比如购置新房、交学费或是结婚。也有可能是为了实现投资组合的多样化，或是支付离婚赔偿费。这就要视具体情况而定了。内部人士偶尔出售手里的本公司股票也许并没有任何含义，但大批官员和董事同时进行抛售就是一个明显的信号：管理层认为市场对公司的估价过高，他们正在趁形势还不错的时候逃离灾难。

　　通过这些问题，我们可以从中发现，哪个公司有可能通过扩大业务和控制费用提高其股价，还可以确定公司管理层对公司未来的信心如何。只有那些能圆满回答这些问题，并具有良好增长前景的股票，才能最终进入我们的投资组合。

1.如果你在分析公司时已经犯了错，最初投资的理由已经不再合理，那么，抛掉股票就可能是最佳选择。

2.强大的企业始终如一固然是最好，不过这样的情况绝对罕见。如果公司的基本面出现永久性而非暂时性恶化，那么，这也许就是你该放弃的时候了。

3.购买一只股票，只意味着你掌握了这个企业的一点皮毛，而且是非常有限的、少得可怜的一点点。企业价值等于它在未来所创造的全部现金。

财富点津

第 16 章

长线投资
让时间抚平股市的起起落落

1 万美元投入股市，如果躲过所有的暴跌日，就会多赚 4.14 万元；如果错过股市暴涨的 50 天，就会亏损 970 元。问题是：你躲得过，能不错过吗？

你不会每分钟都关注你的房子价格，为什么要时时刻刻盯着你的股票价格呢？

市场投机者试图对股价的短期波动进行预测，希望快速获取利润。实际上，任何人如果能够连续地预测市场，其名字早就列入世界首富排行榜，排在亿万富翁沃伦·巴菲特和比尔·盖茨之上。

——彼得·林奇

很多人坚信，要在最短的时间内获得最高的回报，就必须把握时机进行短线交易。如果你在互联网的搜索引擎上输入"股票市场时机"，你也许可以得到几十万条信息。书店和网站上也充斥着无数所谓的股票交易的至理名言，告诉投资者如何低进高出。既有连篇累牍的研究，又有经久不衰的数学比率，甚至还有人用占星术来预测哪只股票即将暴涨，哪只股票危机四伏。也有一些人认为，应该盯住那些有能力操纵大盘的投资者，按照他们的判断决定自己的买卖。对于那些笃信可以预测每年的某个月或每周的某一天的股价涨跌的人而言，五月卖出就走人（sell in May and go away）是他们的信条。

但是在 35 年的投资生涯中，我还从来没有发现过一种能行得通的短线择机策略。那些所谓的股市至理名言来来往往，就如过眼云烟。从短期上看，它们中的任何一个都可能是正确的，也许能作出一两个精确至极的预测。但归根结底，它们又都无法成为永恒，一旦做出错误的判断，便会被彻底抛弃，并最终淡出我们的视线。我绝对不相信存在有能始终如一对短期市场变动做出准确预测的方法。同样，学术界的研究也证实了我的断言。

短线交易将投资者拉入 "买高卖低" 的怪圈

上文的例子表明，最好的办法就是让自己置身于市场当中，投资于回报潜力最高的股票，而不是试图去抓住所谓的短线买卖机会。实际上，80% ~ 90% 的股票投资回报只发生于 2% ~ 7% 的时间里。

桑福德·伯恩斯坦公司 (Sanford Bernstein，著名的市场研究机构) 的研究表明，在 1926 ~ 1993 年回报最高的 60 个月 (或者说全部时间的 7%) 中，平均回报率为 11%。而其余月份 (或者说全部时间的 93%) 的平均回报率却只有约 0.1‰。因此，要准确预测出股票表现优异的那 7% 的时间，恐怕比登天还难。

作为一个长线投资者，真正的危险以及真正能危及你巢中之卵的，是大事发生时你却置身于市场之外。因此，你能做的不过是接受这样一个貌似残酷的现实：必须要忍受某些暂时性的市场下跌。

而长期的价值型投资就像是一次从纽约到洛杉矶的长途旅行。也许你在堪萨斯上空会遇到气流干扰，但只要飞机状况良好，你就没有必要担心。你最终会安全抵达目的地，而且很有可能会按时到达。投资也是一样，如果你的投资组合结构合理，一点点市场波动并不值得你担心，也算不上什么灾难，实现投资目标不过是时间问题而已。

客观现实是：投资收益的主要部分仅发生于整个投资期的一小段时间内，但是要识别这段时间，并据此调节你的买入时机却是一项近乎不可能的任务。这里有两个同等重要的问题：

1. 短线择机的投资策略是不可行的；

2. 只有尽可能地在整个时段内进行投资，才能实现最高的投资回报。因为只有这样，你才能抓住股票上涨最多的时机。只有参与比赛，才有机会成为胜利者。

因此，预测股票市场短期的走向既是愚人的游戏，又是对投资大众的一种欺骗。长期而言，市场走势是向上的。以前是这样，未来很有可能还是这样。市场择机者 (Market-Timer) 则希望在股票上涨时一跃而入，抓住回报最高的时机大赚一笔，然后在股价下跌时又一跃而出。

这样的做法就像是开车的司机，他总想通过变换车道来超过前面的车辆。他可以挑一条在 100 码内开得最快的车道，但这条车道却不一定永远都是最快的车道。也许再过一英里，你就可以超越他。市场上的投资时机也是如此。也许你可以在短时间内走在别人的前面，但突如其来的灾难却有可能让你所有的努力化为乌有（比如"9·11"事件，重大政治事件以及自然灾害，大多会造成股价的下跌）。此外，佣金和税收等成本的上涨也会侵蚀你的利润。

虽然在形式上五花八门，但所有研究最终都无一例外地告诉我们：大多数投资者是买高卖低。具有传奇色彩的投资大师、富达·麦哲伦基金 (Fidelity Magellan Fund) 资深基金经理彼得·林奇

（Peter Lynch）[1] 曾经指出，根据他的计算，其旗下基金中的过半数投资者都在赔钱。究其原因，他发现，在经过两个业绩较好的季度之后，投资者往往会认为好时光刚刚开始，于是纷纷掏钱投资，但经过随后几个业绩平平的季度之后，原来的热情消失殆尽，大家又纷纷偃旗息鼓，撤出资金。1990 年的诺贝尔经济学奖得主之一威廉·夏普（William Sharpe）[2] 发现，要按短线择机策略进行买卖而赚钱的话，市场择机者在判断时机的时候就必须做到 82% 的准确率。要想用快照的方式去捕捉整个市场的走向，显然不是一件容易的事情。但更糟糕的是，还有一些研究表明，市场择机者所面对的风险是潜在收益的两倍。

从 1985 ~ 2005 年，S&P 500 指数的复合年收益率为 11.9%。在这 20 年的时间里，投资于 S&P 500 指数基金的每 1 万美元，最终将升值到 9.46 万美元。但最近的一项研究却表明，在这段时间，绝大多数普通投资者的 1 万美元投资，却只能变成 2.14 万美元。原因何在呢？该研究的结论是：大多数投资者在股市下跌时离开市场，因为他们认为下跌的趋势还将延续下去。等到股市出现反弹后，他们又重新入市，这就错过了反弹中最有利可图的时段。

在长线投资中忍受价格的多变性

长线投资策略中最令人难以忍受的，就是价格的多变性。不妨看一下你手中股票在每一天甚至是每一分钟的价格。我们可以看到，股价几乎一直因为短期因素上下波动。在很多情况下，这

---

[1]卓越的股票投资家和证券投资基金经理、富达基金托管人董事会成员之一。
[2]资本资产定价模型（CAPM）的奠基者。

些波动会让我们焦躁不安。这里有一个非常有说服力的例子：我的一个朋友买进 70 万美元的市政债券，他是一位非常成功的不动产经纪人，每年至少要把一半的收益积攒起来。他的投资全部为长期证券，因为手头从来不缺钱，所以也就很少过问这些投资，基本上是顺其自然。但他也有一个毛病：无法忍受每天都在上涨下跌的股票。如果投资股票的话，一旦某一天股价出现下跌，就会让他感到揪心般的痛苦。但我猜想，他也许没有意识到，债券价格也存在着波动。但是，因为他无法每天都去核对债券的收盘价，因此也就不担心了。这样，他只需要每月拿到利息对账单时核对一下即可，然后把利息收入再投资到这些债券上，一切便万事大吉。按我的计算，假设市场利率为 5%，那么，在投资之后的 10 年间，他的市政债券已经涨到了 114 万美元。如果把同等数量的资金投资于 S&P 500 指数，这笔投资的税前数额应该是290.7 万美元。也就是说，复合年回报率达到了 15.3%。即使是对这笔投资按 40% 征收所得税，他的税后投资净额也可以达到 202.4 万美元。换句话说，他未投资于股票的损失是 88.4 万美元。

根据美国世纪投资公司 (American Century Investments) 的研究，如果你能躲过 1990~2005 年所有的股价暴跌时段（从 20 世纪 90 年代的投机泡沫暴涨开始，一直延续到 2000~2005 年的大抛售），1 万美元的投资就可以升值到 5.14 万美元。但是，如果你错过了这 15 年中收益率最高的 10 天，你的投资成果就只有 3.2 万美元。如果错过最好的 30 天，也就是说，这 180 个月中的一个月，终值就变成了 1.6 万美元。至于说错过收益率最高的 50 天，后果就变成了赔钱，最初的那 1 万美元只能剩下 9030 美元。

难道说一定要每分钟都看一下手里的东西值多少钱吗？如果

每天给你的房子定一个价，然后公布在当地的报纸上，你会有何反应呢？如果仅仅因为早晨起来的时候邻居没有锄草坪，你的房子就会贬值2%，你是否会感到惶恐不安、搬家走人呢？如果有一天，另一个邻居突发奇想，粉刷了一下自己的房子，结果让你的房价涨了5%，你就会大喜过望、卖掉自己的家吗？任何价格不菲的投资都和不动产一样，应该把它们当作长期资产去对待。价格不断上涨和下跌，这是市场上永恒的主旋律。关键的问题在于，当股市继续上扬的时候，你手里拿着正确的股票。这就像那些狂热的彩票迷们一样，只有去参与才有可能成为幸运儿。当然，只要坚持价值投资的信条，时刻带有安全边际的意识，然后再按照我们的方法去投资，成功的机会肯定要比买彩票高得多，报酬当然也是局外人所无法比拟的。

这一点是毋庸置疑的，即要始终如一地紧跟股票市场走向几乎是不可能的。因此，只要坚持长期投资的理念，让时间抚平市场上的起起落落，你就能有所斩获。价值投资者的最大优势在于，他们知道，自己手中的股票拥有长期制胜的若干特征，更重要的是，他们时刻用安全边际去关注自己的投资。

1.如果你不愿意拥有一只股票10年，那就不要考虑拥有它10分钟。

2.投资股市绝不是为了赚一次钱，而是要持续赚钱。如果想靠一"搏"而发财，你大可离开股市，去赌场好了。

3.平常时间，最好静坐，愈少买卖愈好，永远耐心地等候投资机会的来临。

4.假设自己手中只有一张可打20个洞的投资决策卡。每做一次投资，就在卡片上打一个洞。相应地，能做投资决定的次数也就减少一次。假如投资人真受到这样的限制，他们就会耐心地等待绝佳的投资机会出现，而不会轻率地做决定。

第 17 章

选择投资组合
没有最好，只有最合适

Buy and Hold? Really? Buy and Hold? Really? Buy and Hold? Really? Buy an

只销掉一个开户不到一个月的股票投资
账户，布朗就让他朋友避免了一场股市大崩
盘，难道只是巧合？

> 投资人不可能专攻某特定类型的股票，就可以赚取丰厚的利润，只有在谨慎评估事实及坚持原则下，才能赚到这些钱。

——沃伦·巴菲特

当人们谈起如何构建投资组合时，往往要请教专业人士。这在很多时候是合理的，但是也不尽然。财务顾问的天性就是厌恶风险。但是，他们的风险规避倾向也许和你的财务状况毫不相干，而更多的是出于对自身声誉的考虑。按照传统观念和公认的标准，一个结构合理的投资组合应该由 1/3 的债券和 2/3 的股票构成，但是这一标准并没有考虑你的资产规模到底有多大。那些大型的经纪公司则依据他们对近期股票市场的分析定期发布所谓的"资产配置"公式。在我看来，这好像和市场择机理论没什么区别。但是，人与人之间是千差万别的。每个人的资金实力和需求也是五花八门的。人们把这个"1/3 债券 + 2/3 股票"公式奉为标准，它的安全性也仅仅因为它是多数人的看法。然而，假如你有无数的资产，但却只需要其中的一点点就可以维持生活的话，这样的公式还行得通吗？既然这样，为什么还要把 1/3 的钱投到收益不大的资产上呢？

基于年龄和生活开支构建投资组合

我承认自己是一个反传统、喜欢打破旧习的人。但我认为，在构建一个资产分配方式的时候，最重要的两个因素在于年龄以及你维持预期生活水平所必需的资金量。如果你还年轻（按我的定义是在 20 ~ 35 岁），又有一份稳定的工作，你就可以对自己的长期投资从长计议。我的搭档约翰·斯皮尔斯曾经拜读杰里米·西格尔（Jeremy Siegel）[①] 的《股票的长期走势》（*Stocks in the Long Run*）一书的第三版。该书指出，对于 1871 ~ 1992 年的每 30 年，如果用一个指数来衡量各期间的股价，每 30 年的股票收益率都要超过债券或现金。如果以 10 年为一个计算周期，在 80% 的时间内股票收益率将超过债券或现金。而债券和现金的收益率超过通货膨胀率的时间还不足 50%。

那么，为什么还会有人买债券呢？答案就在于年龄和需求。早在 1987 年，一位朋友就问我是否愿意接管他委托另一位基金经理开立的投资账户，我欣然同意。于是，他着手把投资账户过户到我所在的公司。全部过户直到 1987 年 9 月中旬才最终完成。之后，他却告诉我准备在年底就把这个账户全部变现，然后把收入投资他当时正在做的不动产生意。

我马上告诉他：你应该马上就把这笔投资变现掉，然后安安稳稳地把现金握在手里。他问我为什么这样急。我解释说：你需要的是现金，但股票市场却是瞬息万变的，谁也不能保证不会出现下跌，如果你不准备长期守在这个市场里，就不应该进来。于是，就

---

①沃顿商学院的金融学教授，获麻省理工学院经济学博士学位，是研究证券投资的权威、美联储和华尔街优秀投资机构的顾问。

在 1987 年的 9 月底，我就替朋友清理了这个账户。结果，他逃过了 1987 年的那场股市大崩盘。直到今天，他还坚信我有料事如神的能耐。尽管我也喜欢被别人套上未卜先知的光环，但说句实话，真正让我提出这个建议的不过是常识而已。因为对 1987 年的那场股市灾难，我和所有人都感到是突如其来的。

投资组合不同，晚年生活也不同

20 世纪 80 年代初，一位老客户就请我帮他设计投资组合。她的丈夫刚刚过世，去世前把存放在我公司的 400 万美元资产留给了她。此外，这位客户还持有 3000 万美元伯克希尔－哈撒韦的股票。她的丈夫曾经是沃伦·巴菲特合伙公司最早的投资者之一，而且一直保留着这笔对伯克希尔－哈撒韦的投资。这位客户一直有稳定的工作，以前从来没有需要动用这笔资金的念头，但是由于她现在正准备退休，因而需要一笔资金来打理今后的生活。尽管她的生活一直很舒适，但却很简朴，这也是她从来不缺钱的缘故之一吧。

按照她自己的计算，要维持现有的生活水平，每年需要的税前资金应该是 20 万美元。她还聘请会计师帮自己制订了一份资金使用计划，这份计划考虑了生活资金需求、留给子女的遗产以及慈善性捐赠等内容。由于伯克希尔－哈撒韦股票的买入成本只有每股 20 美元左右，会计师建议把这些股票委托给一家剩余资金慈善信托机构（Charitable Remainder Trust）①。这样，在卖出股票时，

①指慈善捐赠人将一笔财产交给信托公司管理，其在世时，定期赠予财产，一旦死亡，余额以免税方式转赠给特定的慈善机构。

她就不需要缴纳资本利得税，然后再把收入重新投资于债券，从而获得稳定的生活收入。

但是我对她说，她之所以这么富有的原因，就是因为她把全部财产合理地投入到股票上，既然如此，为什么要放弃这些股票未来增值所带来的实惠呢？按照她父亲的寿命，她很有可能再活上 35 年。但她的会计师却认为，她已经把全部资产投入到股票市场，从投资的角度看，风险显然是太大了。我的回答是，即便股票市场下跌 50%，她也有足够的资金安度晚年。于是，这位客户决定继续保持现有的状态，按时从投资我公司所获得的收益中提取一部分资金，用于满足生活需要。几年之后，她在电话里和我谈起了当时的计划。我问她现在有多少钱了。她回答说有 1.8 亿美元。我建议她还是继续保持原有计划。我猜想，她的资产现在应该超过 3 亿美元。

我还有一位客户，他的父亲在 1947 年就已经去世，临终前留给他母亲一笔 100 万美元的遗产，这在当时已经算是一个天文数字了。因为在那个时候，父母为购置我儿时生活的那套房子也只不过花了 7000 美元；一辆凯迪拉克轿车的价钱是 2000 美元；而哈佛大学的一年学费不过 1500 美元。在那个年代，打理钱财对女性来说还是一个不小的困难。于是，他的父亲以委托形式把这笔钱存进银行。为保证母子有稳定的收入来源，银行又通过年利率为 4% 的免税市政债券，把这笔资金投资于不动产。在 1947 年，每年 4 万美元的生活费足以让他们衣食无忧了。

但谁也没有想到，他的母亲居然又活了 45 年。当她在 2002 年去世的时候，仍然还只有 4 万美元的年收入，但此时的 4 万美元已经无法和 1947 年相比了，最多也只能满足基本的生活需要。我计算了一下，如果她最初把这 100 万美元投资于 S&P 500 股票指数，同时假设她每年可以花掉全部资产的 4%，那么，到 1998 年 (也就是我进行这次小练习的时间)，她的资产就可以达到 4400 万美元，年收入为 176 万美元。幸运的是，他的孩子们都事业有成，而且很孝顺，让她度过了一个安逸富庶的晚年。

投资要考虑通胀因素

我上大学的时候是 20 世纪 60 年代末期。当时，很多同学的家庭都非常富有。他们都曾经在新英格兰的私立预科学校读书，他们的住所无非是公园大道或是纽约的第五大道、费城或是波士顿郊区的豪宅、格林威治或康涅狄格的富人社区，或是长岛的北海滩。而对于在平常家庭环境中长大的我来说，羡慕之情自然是溢于言表。1969 年，父母把那所住了 20 年的房子以 2.7 万美元的价钱卖掉了。

1969 年，我离开了大学，开始寻找工作。至于我当时锁定的目标，就是能让我像周围那些有钱的同学过上好日子的公司。在这些家庭较为富有的同学之中，按照手中持有的股票计算，他们父辈的资产一般应在 500 万~1000 万美元，这在当时是一笔非常可观的财富，但还不足以让下一代过上同样的生活。扣除 50% 的不动产税，按三个孩子计算，每个孩子也只能继承约 166 万美元的遗产。虽然这已是一笔可观的资产，但是离富庶一生还差得远。不幸的是，他们的大多数孩子不仅不可能继承这样一笔财富，而且对于 20 世纪八九十年代席卷资本主义国家的经济衰退，更是没有丝毫的心理准备。

1976 年，我的一位朋友和妻子在纽约的第五大道购置了一所豪宅。在经过了 6 个月的讨价还价之后，他们支付了 12 万美元，相当于每平方英尺 15 美元。这是一座建筑面积达到 8000 平方英尺的公寓，设有 5 间卧室，5 个壁炉和 5 间仆人房间。卖方因无力维持每月高达 2500 美元的费用而急于将这座公寓出手。今天，类似的公寓可以卖到 2500 万美元。通货膨胀是一种疾病，它无声无息地侵蚀着我们的财富，直到形势好转时，股票才成为唯一可以抵御通货膨胀的对策。尽管债券可以在到期时偿还本金，但本金早已经不具有你在购买这些债券时所具有的购买力了。

特别的投资方式适合特别的你

假如你不必为了生存而花费积蓄的话，你就可以去尝试一种更稳健的投资方式。当你在追求长期投资收益最大化的时候，一路上的起起伏伏自然也就能安全度过。但是，假如你只能忍耐较短的时间，或是靠积蓄为生，那么，你就应该采取更为谨慎的态度。我喜欢把投资组合比作大学的捐赠基金。一般情况下，每年按捐赠基金的一定比例提取一部分资金，用于各学科的资金或奖学金。大多数学校每年提取 5% 的使用资金，然后把余额用作投资，以保证基金的增值率超过 5%。他们希望最终的投资回报率能够等于甚至超过通货膨胀率加上 5% 的支出比率之和。这样，他们就可以永久保持这笔捐赠基金的购买力。

个人也应该按同样的方式去策划自己的财务活动。支出的数额应该小于通过投资组合所能实现的长期收益。5% 就是一个不错的起点。如果你的投资回报率为 10%，那么，你就可以按通货膨胀率增加相应的消费数额。但是，股票投资可不是银行的存折。你的回报也许每年都会有所不同。正是出于这个原因，我喜欢把相当于 3 年的支出投资于短期债券，以避免在股票业绩不佳时让自己捉襟见肘。把这笔相当于现金的投资放在一边，只有在股票收益不济时才去动用。如果这样做的话，你就不必为了支付到期房租而在股价最低时卖掉股票。

一般情况下，股票市场需要三年以上的时间才能恢复到前一个高位，至少从历史上看是这样的，而且从 20 世纪 70 年代开始一直如此，即便是今天也一样。比如说，道·琼斯工业平均指数 (Dow Jones Industrial Average Index) 和 S&P 500 股票指数均用了六年的时间才恢复到 2000 年的高位。那么，纳斯达克又如何呢？还是忘了它吧，因为它还在水里挣扎呢。根据我自己多年的体会，尽管大盘在经历了痛苦不堪的熊市之后，需要 3 年以上的时间才能恢复元气，但大多数价值投资者却不需要忍受如此漫长的煎熬。总体而言，坚持价值型投资的基金大多能避免周期性的市场泡沫，以及由此带来的损失。

按照传统的投资组合构造模型：1/3 的债券加 2/3 的股票，你需要定期调整投资结构，以维持上述比例关系。按照这个思路，假使你手中的股票在某一年份业绩极好，导致股票的余额在全部组合中的比例达到 75% 或 80%，那么，你就需要卖掉一部分股票，再把收入投资于债券。这无异于将胜利拱手让出。这能算是聪明吗？如果你手里已经有了足以维持低潮年份的现金，再多的现金又有什么用呢？

和上面提到的学校捐赠基金不一样，你根本不必担心收入的持续性问题。退一步讲，即便你在晚年耗尽全部财产又有什么大碍呢？但是，同样区别于捐赠基金的还有一点，即便是你存在退休金账户里可以推延纳税的财产，最终的收益还是要纳税的。如果需要经常调整投资组合比例的话，你就不得不变现这部分收益，这就需要经常纳税。在这里，我们需要关注那些组合转手率不太高的基金经理和共同基金。对于持有时间超过一年的股票，其长期资本收益的税率和股利所得税一样，只有15%。而应税债券形成的短期资本收益和利息收入却要承担高得多的税率，最高可以达到34%，具体税率则取决于你相应的税级，而且这是在所有州及当地税款之前征收的。

有些共同基金的转手率非常低。他们的投资对象是那些定价合理、具有长期增长潜力的股票。这就是复利的威力。转手率是复利的敌人，但却是国税局的朋友。目前，大多数基金均同时公布税前收益和税后收益，这有助于我们对两者进行比较。如果税后收益明显低于税前收益，这就有可能预示着，基金经理正在取悦于他们的经纪人，频繁而没有意义的交易只会增加这些经纪人的佣金。

在投资的过程中，你所做的很多事情不过是基于常识而已。为了优化投资组合，提高回报率而改换门庭，变换你所投资的共同基金，或是重新搅拌一下你的投资组合，最终的结果很可能是得不偿失，进一步减少你的投资回报。很多投资者认为，他们应该更积极一点，只要是无事可做，他们就有一种冲动，想调整一下手里的投资组合。其实，如果他们一开始就找对了方向的话，那往往是最好的路线。

巴菲特构建投资组合的四大特点：

1.相对的分散和绝对的集中。巴菲特一向反对过度分散投资，以他的公司伯克希尔－哈撒韦的投资组合为例，整个投资组合涵盖了39只股票，表面看是很分散的，但是考虑到巴菲特公司的规模（1650亿美元），平均每一个投资标的价值40亿美元，则是绝对的集中。巴菲特认为：实际上买一个公司的股票就是要成为真正意义上的股东，否则你就不要动它。因此，对于十分理想的投资标的，巴菲特会不断加仓，往往会从小股东变为大股东到控股股东，直至进入董事会。

2.长期持有。在巴菲特投资组合中比重前几位的股票，其持股时间都超过了10年。尤其是可口可乐、美国运通和富国银行的持股时间更是长达二三十年。

3.没有高科技股。对于自己弄不懂的业务模式决不投资，是巴菲特的一个原则。此外，他认为高科技公司的股价长期高估，高投入的特点也决定了高科技公司很难给股东带来长期的稳定回报。

4.谨慎增持和减持。在过去的一年里，伯克希尔－哈撒韦公司新增持3家公司、原有又增持的有2家公司、减持的有6家公司。巴菲特管理着如此庞大的资产，却绝少买和卖。对任何一单增持或减持都十分谨慎。

巴菲特投资组合最核心的成功秘诀是"长线投资＋忽略市场"。

第 18 章

挑选基金经理
为你的钱找个出色的财务管家

When Only a Specialist Will Do　When Only a Specialist Will Do　When Only a S

如果一个基金经理不买自己管理的基金，谁还敢买呢？

如果一个基金经理每年要拜访超过 4000 家公司，那他哪有时间打理你的钱呢？

> 我认为投资专业的学生只需要两门教授得
> 当的课：如何评估一家公司以及如何考虑市场
> 价格。
>
> ——沃伦·巴菲特

本书的目的一直在于说明价值投资的基本原理，这些已经为实践所证明的长期投资策略，可以让我们受益匪浅。你可以借他山之石以攻玉，集他人之所长，当然，你也可以独辟蹊径，按照自己的思路去投资。如果你有足够的时间，又想去尝试一下自己的投资风格，这也是一件好事。

但最重要的是，你应该认识投资的基本原则，知道应该向未来的基金经理或是财务顾问提出哪些问题。如果你能做到这一点，就可以从数以千计的基金经理中挑选最适合自己的财务管家，对于你的邀请，他们自然是再高兴不过了。

在这方面，晨星可以为你提供相当不错的服务，他们对几千家共同基金的业绩进行跟踪，并按投资风格、投资业绩和投资的市场方向对基金经理进行分类，从而对基金经理进行研究，说明他们的投资方法。尽管晨星不是你搜寻最佳基金经理的终点，但却是一个很好的起点。

与基金经理会谈时问什么？

多年以来，我一直是几家基金和大学捐赠基金会投资委员会的成员。因此，这让我有机会聆听基金经理们为了争夺客户资源而展开的唇枪舌剑。尽管我也经常会成为争夺客户的竞争者，但是能作为评判者，坐在会议桌的另一边，不仅心情要比被评判者愉悦很多，而且对自己也会有所启发。

要选择一位适合自己的基金经理，首先要在投资风格方面有所侧重，有所选择。作为一名投资者，无论是个人投资者，还是大型的捐赠基金，都希望能帮自己找到一位创造价值、实现财富增长的资金管理人，至于他是投资于大盘股还是小盘股，并不是问题。很多大规模的机构型基金则需要不同专长、不同领域的基金经理，因为不同的投资风格适合于不同的时间和环境。当所有投资风格汇聚到一起的时候，他们就会一厢情愿地认为：自己的投资在任何一个短期都应该超过对手或是市场。

在这个问题上，我认为这种方法的缺陷在于，它进一步强化了短线投资的思维。既然你已经知道某种风格的投资在长期内具有最优异的表现，也许你就不应该再去计较短期的得失。构建投资组合的另一种风险体现在，尽管你的组合更类似指数基金，但成本却比指数基金高得多。跟随指数基金绝对是上佳的策略，但一定要尽可能地规避各种管理费。

在初次接触基金经理的时候，首先要了解他们的投资风格和专长，当然，所有基金经理都是出类拔萃的人才。之后就是一问一答形式的会谈了。问题大多如出一辙，答案自然也不会有什么新奇之处。这些人都非常聪明，更知道客户想听到什么。

"你是自己进行研究吗？"第一个问题不外乎如此。当然，没有人会承认自己曾经看过经纪公司的调研报告。在大型的经纪公司中，成百上千的证券分析师每天都在撰写着分析报告，尽管有些报告的确很出色，但看的人恐怕寥寥无几。

然后是第二个问题："你是否拜访自己所投资的公司呢？"同样，答案绝对是肯定的，但基金经理们通常会强调，他们只和公司的 CEO 或是 CFO 谈话。这让我心生疑虑：如果这些基金经理们把大量时间花在和 CEO 或是 CFO 的谈话上，生意又由谁来打理呢？我曾经面试过一位基金经理，他自称每年要拜访 250 家公司。也就是说，每个工作日就要跑一家公司。如果算上路上和休息时间，他还有空看年报吗？我还听说到每年跑 400 家公司的基金经理，更有甚者，一位号称战无不胜的家伙居然可以跑 4000 家！就是用一年的时间全部去看研究报告，你也看不完 4000 份报告啊！

第三个问题是："你们公司有继承人计划吗？"客户想知道的是，如果现任基金经理出了问题，谁将会接替他的位置。所有基金经理在面试中都会准备好一份慷慨激昂的答案，但却很少担心健康问题。当然，除非我或是哪位基金经理已经 80 岁或 90 岁了，否则，就应该假设我们的计划一直可以延续下去。不过，如果把选择的目标仅仅局限于年轻人或是具有详细继任计划的基金经理，你就会错过沃伦·巴菲特这样的人选。他肯定还行。

最后一点需要客户确信的是，他们随时能与基金经理取得联系。但是，既然你已经花了钱，为什么不在开始的时候站在一边，看看自己的基金经理到底会把哪些股票放进你的投资组合，然后让他们任意发挥呢？

如何选择出色的基金经理?

在这里,我还有不同的标准,也许你可以利用这套标准来选择共同基金乃至你的基金经理。

首先,我们需要知道,基金经理是否有自己的投资方法,而且能清晰无误地向你或是任何一个外行人解释,他们能否始终如一地坚持自己的投资风格?如果你没有机会直接面对他们,不妨看看共同基金公布的所有致股东函及其他促销材料,涉及的范围至少应包括过去的 5 年。他们的投资方法是否与市场保持一致,或者说,基金经理是否存在半路换马的现象?

其次,以往的经营业绩是否令人满意?如果你在以前曾经投资于这家基金,你对收益情况是否满意?我的观点是,至少应该了解以往 10 年内的投资业绩,因为 10 年的时间基本可以涵盖几个市场周期。尽管有时不具备这样的条件,但我的规则是绝对不能少于 5 年。此外,了解一下收益波动的情况,也是非常必要的。有些投资者对收益不稳定性的忍耐度很低,其实,当市场处于最低谷的时候,你不一定要急着逃离。

再次,投资业绩如何?那些经营业绩一直令人满意的基金经理是否还在任职?在一只基金变更管理人的时候,管理风格一般都要发生变化,除非新任经理已经跟随前任经理实习了很长时间。我曾经面试过一位基金经理,自称有着 25 年的业绩连续增长纪录。这个纪录当然令人羡慕,但还远够不上出色。然而,我最大的疑点是,这位经理只有 36 岁,也就是说,除非他从 11 岁就开始从事基金管理工作,否则,他的大部分业绩都缺乏可信度。

最后,基金经理怎样料理自己的资产?他们是否会和你一起投资于自己管理的基金呢？我们都应该有这样的体会，如果一个厨师不吃自己做的菜，谁还愿意品尝他的作品呢？如果一个基金经理让你加入他的基金，那么，他就应该承担你所承担的投资风险。因此，如果一位基金经理能和你同舟共济，我想你一定会放心。因为这可以避免他们在遭遇困境时不负责任地冒险。

尽管以上拙见未必能让你屡试不爽，但是，我还是比较偏向管理者和所有者合二为一的基金。如果让营销人员或是销售人员来管理基金，他们也许会更关心怎样去敛财，而不是把你的钱管好。此外，由于营销业务倾向于短期化，这就促使管理人做出不符合客户最大利益的短期投资决策。与此相反，那些拥有基金公司的基金管理人却可以不受限制地进行长线投资，因为能解雇他们的只有客户。对于他们来说，当基金业绩下滑时，唯一要做的，就是说服客户和他们一起坚定地走下去。

归根结底，在投资这个行当里，成功的秘诀就是给自己的钱财挑选一个好管家，然后义无反顾地支持他。

1.让专业的人做专业的事。除非你想成为专业人员，否则请找专业人员帮忙。

2.业余投资者的最大问题甚至最可怕的敌人，很可能就是他们自己。投资顾问是防火墙，将你和你的不利倾向隔离，可以帮你控制好自己。

3.对自己的顾问有足够的信任，免受最大的敌人（你自己）所带来的风险。你找投资顾问的目的，不是为了管理钱，而是为了管理你自己。

4.如果投资顾问是你和你的不利冲动倾向之间的一条防线的话，那么他就应该有现成的系统规划，以帮助你们双方控制好自己。这些系统规划包括：

●一项综合财务计划：以便安排好你的收入、储蓄、支出、借款和投资等事宜。

●一份投资策略报告：以表明你的基本投资方法。

●一项资产分配计划：以详细说明你在各种不同的投资类别中如何分配资金。

第 19 章

致富品格
价值投资需要勤奋和耐心

You Can Lead a Horse to Water, But...... You Can Lead a Horse to Water, But....

95% 的人一窝蜂地抢购热门股票，仅是为了显示与其他人一样聪明？

保守而勇敢，这种略显矛盾的性格特征如何统一体现在成功的价值投资者身上？

> 以短视的眼光看，股市是一个投票箱；以长远的眼光看，股市是一个天平。

——本杰明·格雷厄姆

说到这里，我觉得应该用一个好例子来说明一下价值投资的问题。我们不妨复习一下价值投资的几个关键点：首先，价值投资是一种直截了当的投资方式，它并不需要你具备超人的头脑。任何一个普通人都能理解它的原则。找到一些你信任的卖家，用 66 美分从他们手里买进价值 1 美元的东西，然后存在手里，直到有人用 1 美元把它买回去为止。

在历史上，大多数富有传奇色彩的基金管理者，都采取了价值型投资的策略，和今天那些炙手可热的基金经理相比，他们在更长的岁月里享受着工作带来的快乐，有些人至今还在享受着价值投资的乐趣。沃伦·巴菲特在 1957 年创办了自己的公司。49 年之后的今天，他依然精力充沛，而对这个年纪的大多数人而言，投资银行的老板们早就会奉劝他们退休了。比尔·鲁安 (Bill Ruane) 在 1969 年开始了自己的创业之路，但直到 2005 年去世之前还一直活跃在商界。沃尔特·施洛斯在 1954 年步入商坛，直到 49 年之后才以 87 岁的高龄退休。其他常青树还有先锋温莎基金的管理人约翰·内夫,第一雄鹰SG基金 (First Eagle Sogen Funds)的琼 - 玛丽·艾维拉德 (Jean-Marie Eveillard),Oakmark 基金的比尔·尼格兰 (Bill Nygren),他们都曾经或者依然延续着快乐而成功的职业生涯。

即便是我自己,也已经有了 36 年的从业经历,但我从来没有感觉到厌倦和疲惫。至于我的两个合伙人,约翰·斯皮尔斯和我的兄弟威尔,也分别与我合作了 31 年和 29 年。究其原因,是我们有着共同的投资理念:价值投资。

迄今为止,我们还没有打算改变自己的游戏规则。要知道在目前,大多数机构型客户在基金公司的投资只有 3 年,而一般的共同基金投资者也不过 3 年左右,在这样一种环境之下,这也算是难能可贵了。

从众心理让价值投资者寥寥无几

个人的从业经历和体会一直告诉我,价值投资的长期表现更为出色。就我所知,和那些风风火火、招摇过市的基金经理相比,价值投资还从来没有经历过什么丑闻或是灭顶之灾。我们经常听说某个基金经理旗下的基金 100% 亏损。但是,我从来就没有看到过有哪位采取价值投资的经理人出现在这个名单上。

的确也有很多未遵循价值投资策略的基金经理,在某个时期内取得过非常出色的业绩,甚至在相当长的时间内在投资界傲视群雄。但这只不过是例外而已。在那些长期战胜市场大盘的经理人中,绝大多数都是始终如一的真正的价值投资者。

如此说来,既然价值投资是如此明智的选择,既然实践也已经证明它是如此的成功，那么，为什么坚持价值投资原则的人却寥寥无几呢？问题的答案并不在于智商，而是人的天性。尽管来自现实的证据本来可以为我们指点正确的方向，但依然有如此之多的投资者（无论是投资者，还是职业投资人）陷入低劣愚蠢的投资决策之中难以自拔。于是乎，众多学术界的仁人志士开始对此进行剖析，这便是行为心理学。从 20 世纪的 90 年代末到 21 世纪初，它已经成了诸多研讨、会议、书籍乃至报刊的热门话题（我在本书的参考书目中列举了其中的一部分）。

一直以来，资金管理行业吸引着世界上最聪明、最有学识的人才，因为它是一个收入丰厚同时又不乏诱惑力的职业。更重要的是，成功在这里显得很容易：每天股市收盘的时候，就会造就一批英雄。市场先生每天都要对你的成绩做一个评价，而不是到了年终再一并考核。因此，你智商越高，就越有信心成为一名成功的基金管理人。

此外，客户也可以从另一方面强化这种观点：他们往往会向那些对市场动向似乎有先见之明的投资专家征求意见，就如同迷途的幽灵跋山涉水，到喜马拉雅山寻找可以帮它们超度的圣人一样。与此同时，基金经理人像电影明星一样，频繁地出现在众多财经杂志的封面上。他们需要保持一个良好的体魄，只有这样，他们才有充沛的精力去应对波澜起伏的股市。但是，只要有时间的话，他们就会刻苦钻研怎样让自己成为一名出色的基金管理人，至于跆拳道或是爬山之类的运动，即使他们再喜欢，也会放到后面，最多也只能作为一种业余爱好。

群体意识主宰着整个资金管理行业。如果有95%的基金经理购买了股票A，即使股票A出现下跌，也不会有人去质问他们。毕竟这些聪明人中的95%已经取得了一致。但是，假如你属于另外那5％，与大家背道而驰，买进股票B，倘若股票B下跌，每个人都会骂你是头蠢驴。要做一个反向投资者，在声誉和职业生涯上所承担的风险要远远高于随波逐流所带来的风险。而价值投资恰恰要求投资者具备一种离经叛道的精神，即使是冒着一次次被大家骂成蠢驴的危险也在所不惜。

1999年，一位投资者在信中曾经问我："你是不是还要像鸵鸟那样，把头埋在沙子里，等着下一位猫王横空出世呢？我想知道你还能忍受多久？"他在信中认为，技术类公司蕴涵着巨大的价值潜力，同时在信中还附了一份股票名单，这些股票的平均市价已经达到了收益的100倍以上。当然，在多次体验过这种市场周期带来的风风雨雨之后，我和我的合伙人们自然不会对眼前的诱惑有所心动，我们依然我行我素地坚持低市盈率和低市账率策略。我们没有理由放弃几十年以来曾让我们饱尝胜利果实的这些基本原则。

实践验证了我们的投资法则：一年之后，繁荣的景象灰飞烟灭，被这位股东奉为财源的那些股票竟然下跌了90％左右。人类最常犯的一个错误是，为了追求未来的增长而在今天支付过高的价格，比如所谓的成长股（最贵的20％股票）经常是定价过高的，买入这些股票，即便买入的是好公司，也会因为买点过高，而无法获得好的收益。

沃伦·巴菲特曾经说过，价值投资方法创造的利润不够轻巧，但却实惠可观。但是在实现更高回报的旅途上，我们往往要经历很多的不如意。我当然清楚这一点；我们的大多数投资者也清楚这一点。然而，即使是最执着的价值投资者，在如此的疯狂和刺激面前，也很难做到一如既往。

"性感股票"，请走开

价值投资还需要我们敢于买入大多数投资者都不愿意拿在手的股票。在人们的心目中，这些股票就像毒瘤，早已不为投资者所青睐。不过从现实看，也的确是这样。那么，是不是还有别的什么原因导致这些股票如此廉价呢？

在鸡尾酒会上，当话题转到选股上的时候，也许有人会说："我今天以 10 美元的价格买进 Ionosphere 通讯的股票，收盘的价格已经涨到了 12 美元。"瞬间，这位仁兄就成了股场上的天才。但人们却忘记了：Ionosphere 通讯早已经没有销售，更没有利润，等待他们的只有灾难。假如你告诉大家，"我按账面价值一半的价格买入 ABC 冰激凌公司的股票，这只相当于收益的 6 倍"，肯定会被别人耻笑。

即使是在股票市场上，性感销售 (Sex Sells) 还是很有吸引力的，所有人都想拥有刚刚发行的性感股票。找到一只有价值的股票，就像是看着正在成长的花草一样，令人兴奋不已。但是，你手里的花草在一周里到底成长了多少呢？

大多数人都希望自己做的每一件事都能立竿见影，这当然也包括投资。当多数投资者购买股票时，都希望这只股票立刻暴涨。否则，他们就会卖掉这些股票，再去购买别的股票。价值投资者更像是农民。播种之后，他们就需要耐心地去等待收获。即使因为天冷而延缓了谷物的生长，他们也不会铲除庄稼重新翻地，然后再种上别的作物。绝对不能，他们只能选择静观其变，耐心地等着谷物破土而出，他们坚信：庄稼终有一天会在自己的土地上生根发芽。

投资中别染上"过度自信综合征"

还需注意的一点是，过度自信同样也会带来问题，它是大多数投资者和基金经理经常出现的一种不良心理，这种心理导致的后果同样是严重的。人们总是自以为是地调整着手里的投资组合，他们相信：自己的每一个举动，投资的每一次变化，都是在正确的道路上向着更大的成功迈进。如果没有这种自信，他们的唯一选择就只能是静观其变。

在毕业 25 周年的同学聚会上，我表演了一个心理学家针对多种场合设计的试验。在一群智商基本相同的人中，要求每个人对自己的投资技能进行评价，具体的方法是：以 1 ~ 10 这 10 个分数分别对自己以及组内其他人的投资技能进行评分。当然，我们都知道，最终所有人的平均打分肯定是 5（原因是在每个人智商基本相同的基础上，自信会导致每个人都对自己作出强于他人的评价，最终的结果相互抵消）。也就是说，一半人较为聪明，而另一半人则不够聪明。但这个试验的结果却始终为 7.5。这就如同乌比冈湖的人们一样[1]，每个人都觉得不同寻常。

那么，在只有 15% 基金经理能长期战胜市场指数这样一个现实面前，我们又怎样去解释依旧生机盎然的基金管理行业呢？显然，要在波澜起伏的市场中生存下去，无论是基金经理还是客户，他们都必须坚信：自己一定能战胜市场，尽管绝大多数人根本就做不到这一点。他们只能相信，自己就是这 15% 中的一员。

---

[1]美国作家 Garrison Keillor 在 1985 年创作的小说《乌比冈湖镇的日子》（*Lake Wobegon Days*）虚构了一个乌比冈湖镇，在这个镇上，所有的女人都很强壮，所有的孩子都非常聪明，但实际却不尽然。由此被心理学家称为"乌比冈效应"，借指人们大多认为自己优于别人的自我欣赏心理。

　　这种过度自信的毛病还体现在投资组合的转手率上。同样，投资者频繁地卖掉手里的股票，再买进其他股票，因为他们认为新股票的表现注定要胜过老股票。研究表明，过分自信的投资者总是忙忙碌碌，但却收效甚微。有关人员对嘉信理财 (Charles Schwab) 客户进行的 10 万次交易进行了研究，卖出股票的价格比一年前买入时的价格高出 3.4%。

　　相反，对于那些对自己能否作出赢利决策不太自信的投资者，更有可能采取静观其变的策略。因此，交易的频率与投资者的自信心直接相关。除此之外，交易最频繁的投资者倾向于买进风险更大的股票。他们总是跃跃欲试，不甘寂寞。因为他们相信，即使船没到岸自己也能跳上船。正如布莱兹·帕斯卡 (Blaise Pascal，法国 17 世纪著名的思想家) 所言："大多数人的问题只是因为他们无法做到心静如水，独思静想。"

　　然而，每天忙碌于买卖股票的，并不只有那些梦想着一夜暴富的散户。很多专业投资人也难逃"过度自信综合征"的侵袭。*Money* 杂志的杰森·茨威格 (Jason Zweig) 在彼得·波恩斯坦 (Peter Bernstein) 主持的栏目中指出，1959 年，共同基金的平均转手率为 16.4%，股票的平均持有期为 6 年。时至今日，转手率已经远远超过 100%，而且上升的势头依然有增无减。尽管自信心难逃其责，但同行之间的压力肯定也在推波助澜。

　　今天的投资行业几乎已经变成了一场智力游戏。作为一名基金经理，只要你拿了钱就要办事，即便不挣钱，你也不能闲着。因为你必须清醒地意识到，卖掉辉瑞 (Pfizer) 股票再买进强生股票，才是最聪明的做法，至于能不能赚钱则是另一回事。但是，只是坐在那里守着那些经过自己仔细研究、精心挑选的好股票还远远不够，迟早会有一天，楼上的上司会觉得你的组合交易不够活跃，于是会过问其中的原因。当然，你也许可以说，自己就是喜欢手里的股票，但这样的解释显然说服不了他们。在他们看来，这只能说明你对市场缺乏应有的敏感力和洞察力。于是，为了改善你在老板心中的形象，就只能徒劳无功地去买卖股票。

你能忍住 20 年后才拿回自己的钱吗？

所有人都知道，股票市场总是有涨有跌。幸运的是，从长期趋势看，股市一直呈现涨势。否则的话，也就不会有人买股票了。所有人都说自己的目标就是战胜市场，几乎每一个投资者都宣称自己是稳健型的保守投资者。

然而，从短期上看，投资者的观点和态度却迥然不同。当股市走强的时候，每个人都希望超过大盘，反之，当股市走弱的时候，他们则希望比市场赔得更少。为了超过强势上升的市场平均业绩，稳健保守的思想在很多投资者眼里变成了耳旁风。在下跌的股市里，很多投资者为了保住自己的净资产，争先恐后地逃离市场。显然，要在牛熊两市都超过市场，显然不是凡人可以做到的事情。

然而，1975 ~ 2005 年的 31 年间，S&P 500 指数仅在 12 年里的涨幅就超过了 20%，几乎占该 31 年里总涨幅的 39%。如果你在这段时间里能做到和市场不相上下，或者略逊一筹，就足以让你开心快乐了。但是，在其他不够顺利的年份里，S&P 500 指数要么赔钱，要么也仅能在这 31 年平均复合收益率 13.5% 一半的水平上挣扎。要获得良好的长期业绩，就要求你在熊市中依旧能岿然屹立，有所收益。

因此，谨慎同样也不应该是季节性的。作为一个投资者，你不应该只在熊市才谨小慎微，到了牛市便忘乎所以。无论光景如何，总能保持一个良好、稳定的心境和思维，对于获取长期的投资成功是至关重要的。很多令人赞叹的市场观察家一直在告诫投资者：战胜市场永远都是一项无比艰辛的任务。无论是让人难以承受的顾问费和交易成本，还是投资者和基金经理频繁出现的糟糕决策，都让击败市场成为一项几乎不可能的任务。这些基金经理只是在怂恿投资者去买股票，而且一定要通过基金来持有股票。尽管长期指数基金的业绩要超过大多数基金经理，但也有一些人估计，85%的指数基金都不是什么可以让投资者一劳永逸的尚方宝剑。

1928年，S&P 500指数的年终收益率达到了最辉煌的顶点。然而，在经历了1929年的股市崩盘和经济大萧条之后，整整过了24年，也就是1951年，S&P 500指数才重新达到这一水平。在此期间，上市公司的股利分红却异常慷慨，因此，对于那些拿到股利的投资者来说，他们早已收回了1928年的投资。

从1972年底达到峰值开始，直到5年之后，S&P 500指数的投资者才凭借股利收回再投资。而从1999年达到最高值之后的6年间直到2005年底，S&P 500指数的投资回收率仍然比1999年12月31日低7%。尽管耐心是一种美德，但是要让你等上5年、6年甚至是20年才能拿回自己的钱，绝对是一种考验。

做个保守型的价值投资者

凭借我对基金经理的观察，他们大多无法忍受如此漫长但却一无所获、颗粒无收的寂寞。原因何在呢？事实上，即便是指数，也有可能成为市场泡沫的牺牲品。在前面谈到的三个时期，都存在着市场过剩现象：20 年代的波澜壮阔，70 年代风靡股市的"漂亮 50"，还有 90 年代末激情四射的科技股泡沫。在所有这些情况下，极少数热门股票的非正常业绩扭曲了 S&P 500 指数的真正水准。即使是离我们不算遥远的 1999 年，科技股在 S&P 500 指数中的比例依然超过 30%，而历史上的平均百分比却只有 15% 或 16%。在某些时期，即使投资指数也不一定是保守型的投资。

宾夕法尼亚州沃顿商学院的著名金融学教授杰里米·西格尔同样也对指数投资推崇有加。在《投资者的未来》(The Futher of Investors) 一书中，他提出了定制型指数 (Customized Index) 的模型。西格尔发现，一些排除市盈率最高的股票，只包括某些小盘股和中盘股的指数基金，其业绩往往让投资范围更广的指数基金感到自惭形秽。归根结底，只有价值才是投资成败的决定性因素。因此，一个强调低收益率的指数自然会有更出色的长期表现。其实，我早就应该告诉他这一点。

要成为一个保守主义者绝非易事，而这也是真正价值投资者的本性。在现实生活中，我们毕竟要承受着巨大的压力。和价值投资策略相比，动量投资策略无所不在的羽翼，成长型投资近在咫尺的收益显然更刺激，更具有吸引力和震撼力。价值投资更像是一趟终点令人无比惬意的长途旅行，而不是一次海滩上的饭后小憩。

1. 如果你没有做好承受痛苦的准备，那就离开吧，别指望会成为常胜将军，要想成功，必须冷酷！

2. 一套稳健的生产线可以把一辆汽车的任何部分都做得安全可靠，但不能保证把握方向盘的那位老兄能踏踏实实。同样的道理，也没有任何安全措施可以保护情感型的投资者。

3. 悲观论者认为最优的时候，是买进的最好时机；而乐观论者认为最优的时候，是卖出的最好时机。

4. 投资成功的秘诀在于你的内心。如果你在思考问题时持批判态度，不相信华尔街所谓的"事实"，并且以持久的信心进行投资，你就会获得稳定的收益，即便是在熊市亦如此。通过培养自己的约束力和勇气，你就不会让他人的情绪波动来左右你的投资目标。说到底，你的投资方式远不如你的行为方式重要。

第 20 章

永恒的投资原理
将价值投资进行到底

Stick to Your Guns   Stick to Your Guns   Stick to Your Guns   Stick to Your Guns

没人能预见哪只科技股会成为下一个微软,但布朗却能够确定目前哪只股票被低估了,那为何不跟他学学呢?

买入低估价值股,然后静候,从此不再让进进出出的股票和起起落落的股价折磨你脆弱的神经,你还等什么?

> 我们永远无法预测任何一种灾难的降临或离
> 开，我们的目标应该是适当的：我们只是要在别人
> 贪婪时恐惧，而在别人恐惧时贪婪。
>
> ——沃伦·巴菲特

长年的实践经验告诉我，只要能坚持价值投资的基本原则，我们定能有所斩获，而且很可能会收获颇丰。可以说，我和我的合伙人一直一帆风顺，成功似乎总陪伴在我们的身边，借助本书所探讨的投资策略，无论是我们自己，还是我们的投资者，都体会到了成功的巨大快乐。当然，其他忠贞不渝的价值投资者们肯定也有着相同的感受。事实上，我还真没有听说过有哪位价值投资者连赔 10 年。价值投资也许比火箭科学还令人窒息，更枯燥乏味。但是，随着时间的推移，贱买贵卖注定会给投资者带来丰厚的回报。

投资工具在变，投资原理不变

多年以来，寻找价值股的方法一直在变化，但最基本的原理却始终如一：如何定义价值。当格雷厄姆在 20 世纪 20 年代末开

始从事资金管理时，还没有数据库，更没有互联网。信息时代还
远未到来。在那个时代，寻找价值低估股票的经历，无非就是在
穆迪指数和 S&P 500 指数的成分股名单上四处寻觅，搜索适合价
值标准的股票。现在就不同了，只需要点击一下鼠标，你就可以
完成这项工作。只需要一张光盘，或是我们的 Bloomberg 终端，
就可以找到自己需要的任何数据，而不必再去东奔西跑，搜罗一
大堆报告或是致股东函。通过互联网，你就可以走遍世界各地，
全世界任何一家上市公司的年报信息，将一览无遗。

　　股票的交易方式也发生了巨大的变化。今天，很大一部分交
易是通过电子媒介进行的，几乎不需要花费任何气力。即便是在
东京证券交易所或是伦敦证券交易所上市的股票，也和纽约证券
交易所一样易如反掌。我们可以在办公室或是其他任何地方，通
过手机或是带有无线上网功能的笔记本电脑，了解当前的股价行
情或是填写申购单。

　　然而，这些变化也不过是最近的事情。从格雷厄姆 20 世纪
20 年代末进入这个行业，到 1969 年我涉足基金管理，在这 60 年
里，通信方式、股票交易模式及信息的获取方式，几乎如出一辙。
我们所拥有的，也只是按键式电话和直播线路，仅此而已。公司
购买第一部计算机的情形至今还令我记忆犹新。体积庞大、笨重，
而且还价格不菲，按照今天的标准，这台计算机足以和烤箱相提
并论，但它却有着当时的最新发明——存储器。1969 年还没有纳
斯达克股票市场。场外交易 (Over-the-Counter，也称 OTC) 股票还
仅仅属于粉纸市场（Pink Sheet）[1]，而且对于每个报价，你都需要

---

[1] 又称粉单市场，它是美国场外交易的初级报价形式，属于低一级的报价系统。在这个系统中，
市场每周对交易公司进行纸上报价，其流动性比柜台交易还要频繁。

给经纪人打电话。所有信息全部记录在纸面上，股票实物的提交和交易过户全部依赖人工。

格雷厄姆把大量的精力倾注在 Moody 和 S&P 的上市公司手册中，当然，我也不例外。最开始的时候，我们一直给 Compustat 打电话，把我们的选股标准告知对方。然后，对方送回一盘可以在我们计算器上运行的磁带。那时，我们就已经有了一台计算机，但台式计算机这个词尚未出现。今天，在我们的眼里，过去 10 年或 15 年的信息大爆炸似乎已经是理所应当的事情。至于在出现电子邮件、Windows 或是 Google 之前，怎样完成这些工作，人们反倒觉得惊诧和困惑了。

正如信息获取方式和交易模式发生剧变一样，价值的标准和原则也发生了变化。在 1969 年第一次进入这个行业的时候，我的第一项工作就是查阅每月的股票指南。寻找卖价低于其净流动资产的股票。在当时，这也是寻找廉价股票的主要方法。这个由格雷厄姆发明的方法已经为实践所验证。一般情况下，我们只买进市价低于变现价值的股票。当时，制造业依然是美国市场的主宰者，它们操纵美国经济长达几十年之久。

随着 20 世纪 60 年代至 80 年代美国经济的稳步增长，传统重工业制造业（钢铁制造业和纺织业）正逐渐失去霸主地位。而消费品公司和服务业公司等新兴产业却异军突起，成为新的市场宠儿。这些公司并不需要多少有形资产就能创造利润，因此，他们的有形账面价值在度量公司价值方面几乎没什么借鉴意义。很多价值投资者只能另辟蹊径，开始更依赖于以收益为基础的估价模型。广播公司、电视台和报纸行业就是以少量有形资产获取巨额利润的典型，因此，他们所拥有的有形资产几乎寥寥无几。在这种情况下，掌握价值分析的新方法，也许可以让你抓住某些原本视而不见的获利时机。

杠杆收购模型：价值投资的第三条腿

我还发现，那些收益增长速度超过传统工业企业的新型公司，也许可以为投资者带来巨大的收益。我相信，增长与价值的并存性肯定是沃伦·巴菲特信奉的至理名言。它们之间的差异主要是价格问题。尽管比以前按账面价值购买股票时的支出要多一点，它却可以帮助我们找到像美国运通、强生和资本城市广播公司(Capital Cities Broadcasting) 这样的便宜货。这些公司的增长率一直远远超过总体经济增长率，而且这种趋势还将延续下去，其价值收益比（市盈率）也让基础性制造企业望尘莫及。

杠杆收购业务诞生于 20 世纪 80 年代中期。此时，美国经济终于从高通货膨胀和高利率的噩梦中摆脱出来。而通货膨胀则增加了很多公司的资产价值。比如说，ABC 冰激凌公司在 10 年之前以 1000 万美元创办一家工厂，并按 5 年使用期限进行折旧，因此，公司应该在账面上标出 500 万美元。但是在经过 5 年的通货膨胀之后，公司却需要 1500 万美元才能创办同样的工厂。也就是说，公司的账面价值低于它的真实价值。如果以工厂作为借款担保的话，公司也许可以借到现有价值的 60%，即 900 万美元。这就是当时的杠杆收购公司所从事的业务。他们需要以公司财产做抵押，以筹集收购企业所需要的资金。

此外，在 20 世纪 70 年代末和 80 年代初达到最高峰的利率，让股票价格跌至几十年以来的最低点。S&P 500 指数的市盈率甚至降到了只有一位数的水平。在长期国库券的收益率高达 145% 的情况下，谁还愿意去买股票呢？被严重低估价值的抵押物，再加上超低的市盈率，使很多公司已经成为被低价收购的猎物。80 年代初，常见的公司收购价格居然只有税前收益的 4.5 倍。而今天则不大一样，收购价一般是税前收益的 9 到 12 倍。可以说，无论是从资产还是收益角度看，70 年代末 80 年代初对于廉价收购企业来说，都是千载难逢的黄金时期。

我一直在追踪很多收购业务的后续发展，尤其是价格与账面价值和税前收益之间的关系。由此，我构建了一个评价收购价值的模型。利用这个模型，我就可以找到那些市场价格远低于杠杆收购价的公司。因此，杠杠收购模型给我提供了另一种搜索"便宜货"的途径。我把这个模型称为"估价方法"（Appraisal Method）。尽管我依然采用低市盈率和低股价与账面价值比来寻找价值被低估的股票，但是在我的价值工具中，估价模型无疑是不可或缺的第三条腿。假如说还有什么方法可以帮我找到卖价低于内在价值的股票，我当然会毫不犹豫地抓住它。

耐心：价值投资中最难也最重要的品质

任何一种方法和标准都随着时间的推移而变化。但有一点是我们必须认识到的：这些方法和标准的基本原则从来就没有变化过。以低于内在价值的价格买入股票，然后在市价达到真实价值时卖出，这个最简单的理念就是价值投资的本质。相比较而言，价值投资要比任何一种投资策略都容易得多。对于价值投资者，根本不必成天盯着证券公司的交易大屏幕，让进进出出的股票和跌宕起伏的股价折磨自己脆弱的神经。只要坚守买入低于内在价值的股票并保持安全边际和耐心这一基本原则，他们就会发现，价值投资永远都是一种战胜股指、不断增加财富的成功之道。

在某些时候，耐心也许是价值投资方法中最难做到的。在发现一只市价仅相当于本人估价 50% 的股票时，我所能做的就再简单不过了：买入这只股票。至于以后，就没有我的事了，成败全看估价怎样变化了。股价也许会在下周或是明年就能逼近其真正价值，也有可能连续 5 年低迷不振，之后却突然飙升 5 倍。显然，我们根本就无法预知某一只股票什么时候会增值，或者更确切地说，是否会上涨。在某些时段，价值投资的表现也许会逊色于其他方法，这也许会让你感到抑郁和惆怅。但更令我们灰心丧气的，则是整个股市的疯狂上涨，以至于根本就找不到符合价值投资标准的猎物。在这种情况下，价值投资者也许会稍作让步，比如说放松某一项标准，或是寻找那些在游资支撑下似乎将永久增长下去的热门股。然而，当价值投资者认输并开始追求短期业绩的时候，也就是这些热门股变得冷若冰霜的时候。

很多年以前，格雷厄姆就为我们奠定了价值投资方法的基本原理。和格雷厄姆一样，我也不相信自己或是其他大多数人能预见到股价的短期走向。更让我坚信不疑的是，根本就没有人能预见到哪个技术股会成为下一个微软，或是行将破灭。我所知道的就是，按照我所选择的估价方法，建立一个符合安全边际标准的多样化廉价资产组合，就是最好的赚钱方法，这一点已经为实践所证实。迄今，还没有任何证据能让我对这一方法失去信心。

1. 价值投资需要的是勤奋和耐心。它也许比火箭科学还令人窒息，更枯燥乏味。但是，随着时间的推移，贱买贵卖注定会给投资者带来丰厚的回报。

2. 以低于内在价值的价格买入股票，然后在市价达到真实价值时卖出，这个最简单的理念就是价值投资的本质。相比较而言，价值投资要比任何一种投资策略都容易得多。对于价值投资者，根本就不必成天盯着股市。

那些支持价值投资的人和事

对于这些观点，我从来都不希望你把它当作使你成为价值投资常胜将军的至理名言。必须承认的是，我在这个问题上也有自己的偏好：价值投资毕竟是我赖以为生的手段。幸运的是，很多学者在对股票市场上的成败进行了大量深入的研究之后，已经验证了我的这些拙见。我们不妨简单回顾一下这些重大研究及其成果。

聚焦美国

针对市盈率和股票业绩最早的研究之一来自麦克马斯特大学 (McMaster) 的萨珠·巴苏 (Sanjoy Basu) 教授。在《普通股的投资业绩与其市盈率的关系》(*The Investment Performance of Common Stocks in Relation to Their Price — Earnings Ratios*) 一文中，他对 1957 ~ 1971 年在纽约证券交易所上市的股票进行了研究。他按收益水平的五等分点，把每年上市的全部股票划分为 5 组。他发现，价值股的表现要远远超过成长股，比如说，对于一笔 100 万美元的价值型投资，其增长率将两倍于高市盈率股票所能达到的水平。

在一项名为"纽约证券交易所的投资收益十等分研究，1967～1985 年"的研究中，耶鲁大学 (Yale) 商学院的罗杰·伊博森 (Roger Ibbotson) 教授把全部股票按市盈率的十等分点划分为 10 组。他对从 1966～1984 年后的全部上市股票进行检验后发现，那些价格较为便宜、不被投资者看好的股票反而能带来更多回报。实际上，如果用 1 美元投资于最便宜的股票，其收益将是市盈率最高股票的 6 倍，是市盈率处于中游水平股票的 2 倍。

此外，他还比较了低市价、账面价值比的股票与高市价、资产价值比的股票的市场表现。为此，他把每年在纽约证券交易所上市的全部股票按收益十等分进行分组，并对各组的市场业绩加以对比。通过对 1967～1984 年进行的研究，伊博森教授发现，与市场上那些名声显赫、万人追捧的股票相比，市价远低于账面价值的股票，其收益率将高出一倍还多，也比市场整体收益率高出 75%。

在讨论价值型投资与成长型投资孰是孰非时，我最喜欢提到的研究之一就是约瑟夫·拉克尼肖克 (Josef Lakonishok)、安德雷·谢尔佛 (Andrei Shleifer) 和罗伯特·维西尼 (Robert Vishny) 的"反向投资、推演和风险"(Contrarian Investment, Extrapolation, and Risk)。该项研究把纽约及美国证券交易所的全部股票按市盈率进行十等分，并假设所有投资组合均在持有 5 年之后卖出。

他们发现，这 10 类组合在持有 5 年之后，低市盈率组合的市价几乎是收益的 2 倍。不妨设想一下，如果这种 2 倍于收益的市价不是短期现象，而是在 5 年之内始终如此，又会怎样呢？他们还对这些股票按市账比进行十等分，同样假设持有期为 5 年。

据此，他们对 1969～1990 年的股价进行了研究。结果几乎如出一辙：在经过了 5 年的持有期之后，和那些大牌股票相比，那些市价远低于账面价值的股票，其收益率几乎相当于前者的 3 倍。在同一项研究中，他们还发现，在持有期为 1 年的情况下，低市盈率股票的收益率高于成长股 73%，3 年期的收益率高出 90%，而 5 年期的收益率则高出 100%。

至于针对价值股最为深入和轰动的研究之一，则出自当时威斯康星大学的理查德·塞勒 (Richard Thaler) 教授和康奈尔大学的沃纳·德伯特 (Werner De Bondt) 教授。在 1985 年的《金融周刊》(*Journal of Finance*) 上，他们共同发表了一篇名为《股票市场是否反应过度》(*Does the Stock Market Overeact*) 的论文。他们在文中探讨了通过买入低价股票实现最优业绩的观点。

塞勒和德伯特对 1932 年 12 月到 1977 年期间 46 年的股票价格进行了检验。他们首先研究了纽约证券交易所此前 5 年业绩最差的 35 只上市股票和业绩最优的 35 只上市股票，并对每一个由纽约证券交易所所有股票按相同权重构成的指数基金投资结果进行细致的比较。

结果表明，在以后的 17 个月里，35 只业绩最差股票的平均收益率居然超过指数 17%。而随着时间的推移，过去 35 只最闪耀的明星股却黯然失色，平均收益率低于同期指数基金约 6%。此外，通过对持有期超过 3 年的股票组合进行的研究，塞勒和德伯特发现，以前"差"股票的市场表现一直超过以前的"胜利者"。

1987 年，理查德·塞勒和沃纳·德伯特发表了另一篇论文《有关投资过度反应和股票市场季节性的进一步研究》(*Further Evidence on Investor Overreaction and Stock Market Seasonality*)。在对股票按收益进行五等分（20组）之后，他们发现，市价低于账面价值的股票收益率比市场平均收益率高出40%，也就是说，每年的股票收益要高出接近9%。

在一项按行业对市盈率进行的比较研究中，南卫理公会大学 (Southern Methodist University) 的两位金融学教授戴维·古德曼 (David A. Goodman) 和约翰·皮维 (John Peavy)，对一百多个行业内的股票按市盈率进行了排名。在按市盈率的五等分点对各组股票进行划分之后，他们发现，即使是在每一个更为具体的组别内，低市盈率股票的回报率也远远胜过高估价股票。

在各个组别中，如果每年都以1美元分别投资于市盈率最低和最高的1/5股票，前者的增长率要高于后者12倍还要多，且前者的收益率相当于第二低的1/5股票的2倍多。

1992年，尤金·法玛 (Eugene Fama) 和肯尼思·弗兰奇 (Kenneth French) 在其论文《股票预期收益的截面分析》(*The Cross Section of Expected Stock Returns*) 中，对世界上最具综合性的股票价格数据库美国证券市场资料库 (Center for Research in Security Prices，CRSP) 中包括的所有非金融类股票进行了检验。

他们的研究涉及1963～1990年这一时段。法玛和弗兰奇按照市价/账面价值比（市账率）把股票划分为等间距的10组。在这27年期间，市账率最低的股票回报几乎相当于最高者的3倍。此外，通过对持有期超过3年的投资组合进行研究，他们发现，以前"差"股票的收益能力一直超过以前的"胜利者"。

放眼全球

如上所述，无论是在美国还是美国以外，具有价值特性的股票均表现优越。20 世纪 80 年代，我们意外地在日本找到市价仅相当于账面价值 2/3 的日本保险公司，能在美国本土之外发现如此难得的价值投资机会，无异于天上掉馅饼。但是，大量研究都无一例外地证明，在任何一个国家，买入市价低于账面价值的股票都是一种相当稳健的投资策略。

在这个问题上，英国巴思 (Bath) 大学管理学院马里奥·莱维斯 (Mario Levis) 的研究尤其令我感兴趣，他对 1961 年到 1985 年间伦敦股票 (London Share) 数据库中的所有股票按市盈率进行了分组和检验。结果完全在我们预料之中，市盈率最低的股票表现最佳，而那些令人振奋的成长股则相形见绌。研究结果显示，在此期间，市盈率最低组的收益能力为最高组的 5 倍多，相当于次低组的 2 倍，以及中间一组的 3 倍。

在摩根士丹利发表的一篇名为《本杰明·格雷厄姆也会为之骄傲》(*Benjamin Graham Would Be Proud*) 的研究中，巴顿·比格斯对世界各地低市盈率股票的回报率进行了检验。这项包括约 80% 非美国公司股票的研究表明，廉价股票的收益高于高价股以及国际股票的指数基金。

1993 年，诺贝尔经济学奖得主威廉·夏普 (William Sharpe) 在《金融分析周刊》(*Financial Analysis Journal*) 上发表了一篇文章:《全球价值股和成长股》(*International Value and Growth Stock*)，对德国、法国、瑞士、英国、美国和日本的股票进行了研究。在文中，他检验了 S&P 500 指数中的美国股票及摩根士丹利资本国际指数 (Morgan

Stanley Capital International Index) 中包含的其他国家股票，并按每 6 个月排名一次。市账率处于前 50% 的股票属于成长股，而市价相对账面价值较低的股票则属于价值股。研究结果显示，从 1981～1992 年，无论是哪个比较期，也不管是哪个国家，价值股的收益率始终超过成长股。

风水轮流转

学术界的研究还验证了很多价值投资技术的可行性。1998 年，麻省理工学院 (Massachusetts Institute of Technology) 的詹姆斯·波特巴 (James Poterba) 和哈佛大学教授、美国前财长劳伦斯·萨默斯 (Lawrence Summers) 共同发表了他们的论文：《股票价格的均值回归：依据和意义 》(*Mean Reversion in Stock Prices: Evidence and Implications*)。 他们在论文中对 1926～1985 年之间纽约证券交易所的股票按月进行了检验，以确定大幅的股价增减是否会反转，还是维持以前的走势。

他们发现，当前的高收益股票大多会继之以低回报率，而低投资收益的股票基本会强势反弹。他们总共研究了包括美国、英国、瑞士、加拿大、日本、比利时和荷兰等在内的 17 个国家的股价。研究结果显示，股票价格在世界各地的表现趋于一致。今天的失败者就是明天的明星，而眼前的宠儿将成为明天的残花败柳。

永远关注内部人士买进

在特威迪－布朗的《 投 资 的 秘 诀 》(*What Has Worked in Investment*) 一文中，我们对说明内部人士所购股票持续走强的几项重要研究进行了分析。这些研究都无一例外地表明：内部人士买进股票的收益率至少是市场平均收益率的 2 倍。我们还对其他国家内部人士回购的研究进行了剖析，结果依旧如此：在全球层次上，内部人士回购同样也是预示收益增长的征兆。除美国之外，很少有国家要求公司对内部人士回购本公司股票进行披露，因此，这些信息的价值也许很有限。

不过幸运的是，学术界的研究依然如火如荼，而且硕果累累。很多论文揭示了内部人士买进和未来回报之间的关系。其中的一项研究出自密歇根大学 (University of Michigan) 经济学家纳加特·塞文 (Nejat Seyhun) 和托马斯·乔治 (Thomas George) 之手，他们的研究对象是 21 年内的 100 万次交易。

他们发现，内部人士买进的股票在此后 12 个月内的收益率超过市场大盘 6%。而 Fuller−Thaler 资产管理公司的研究《推断偏差与内部人士交易》(*Extrapolation Bias，Insider Trading*)，则进一步巩固了塞文教授和我的共识。2001 年，波士顿大学莱斯莉·郑 (Leslie Jeng)、沃顿商学院的安德鲁·迈特里克 (Andrew Metrick) 和哈佛大学的理查德·泽克豪瑟 (Richard Zeckhauser) 发表了他们的论文：《内部人士交易的收益估计：业绩−估价模型》(*Estimating the Returns to Insider Trading: A Performance−Evaluation Perspective*)，再次验证了这一结论。

借助对 1975 ~ 1996 年之间内部人士的交易与股票价格的研究，他们得出了类似的结论：内部人士回购股票的回报率高于同期市场平均回报率约 6%。2003 年，芝加哥大学的约瑟夫·皮奥特洛斯基 (Joseph D. Piotroski) 和达莱尔·罗尔斯通 (Darrell Roulstone) 在一篇论文中指出，内部人士回购预示着收益和现金流将在未来 12 个月中出现增长，进而导致股价上涨。他们还对按低市盈率或低于账面价值交易的股票进行了分析，并据此认为，如果具有这些特征，再加上内部人士的大量买进，股价必将大幅攀升，让市场俯首称臣。他们还发现，那些被内部人士抛出的高市盈率股票将在市场大盘面前黯然失色。

公司回购的效果也一样。最早探究公司回购股票效应的研究之一，就是卡罗尔·路米斯 (Carol Loomis) 在 1985 年《财富》(Fortune) 杂志上发表的一篇文章。在对价值线 (Value Line) 指数中的所有股票进行研究之后，她发现，回购股票的收益率通常比非回购股票高出 50%。1994 年，伊利诺伊大学 (University of Illinois) 的教授戴维·艾肯贝利 (David Ikenberry) 和约瑟夫·拉克尼肖克 (Josef Lakonishok) 对 1980～1990 年之间的公司回购进行了分析，他们发现，这些股票在此后 4 年内的超常收益率达到了 12.1%。那么，如果这些股票具有低市盈率，市价低于账面价值，它们的表现又会如何呢？两位教授发现，此类股票的超常收益甚至要高于 45%。

在和湛可南 (Konan Chan) 和李寅楸 (Inmoo Lee) 进行的另一项研究中，艾肯贝利教授发现，从 1980～1996 年，回购股票在未来 12 个月内的平均超常收益率高于 6%，而在此后 4 年内的平均超常收益率则达到了 23%。在 2005 年进行的一项最新研究中，艾肯贝利教授再次对高回报和低估价的公司回购股票进行了分析。他发现，从 1980～2000 年，回购股票的 4 年期超额收益率达到了 35%。

最新研究成果

也许你会觉得这些证明按低市盈率购股的研究已经老掉牙了，那么，还是让我们看一下最新的研究成果吧。久负盛名的价值型投资公司——布朗德斯资产管理公司 (Brandes Asset Management) 的布朗德斯研究院 (Brandes Institute) 在2004年重复了拉克尼肖克 (Lakonishok)、谢尔佛 (Shliefer) 和维西尼 (Vishny) 的研究，此外，他们还对全球股票进行了类似的分析。根据1969～2002年期间的股市表现，布朗德斯研究院发现，低市盈率股票的收益能力远远胜过高估价的成长股。

除此之外，拉克尼肖克教授与伊利诺伊大学的陈春山 (Louis Chen) 合作，把此前进行的研究时段延伸到2002年，研究结果继续表明，按价值投资策略所购入的价格低于其收益的股票，市场表现始终优越于其他股票。与此同时，他们还公布了一项针对1986～2002年期间美国股票收益情况的研究。不过，此项研究的对象则是他们所说的"落下的刀子"，旨在重新检验华尔街流传已久的至理名言：永远不要试图去接落下的刀子。

他们把"落下的刀子"定义为在此前12个月内价格下跌幅度达到60%的股票。研究结果显示，尽管这些股票所对应公司的破产率和失败率是市场总体的4倍，但它们在1年、2年和3年期内的收益率却让市场望尘莫及。通过此次研究，他们发现，公司的市值越大，获得超额市场收益 (Outperformance) 的机会就越大，而经营失败的可能性也越小。价值投资测量的基本宗旨之一，就是保持合理的安全边际，尽量避免买进投资不足或是出资不足"落下的刀子"，从而创造一个超越市场平均收益率的机会。

2004年，布朗德斯研究院再次重复了这项研究，从全球的角度对这些在全球范围内"落下的刀子"进行了剖析，并在《环顾全球的下落之刀》(Falling Knives Around the World) 一文中检验了

1980～2003 年的股票。和此前的研究一样，他们的研究对象是那些股票市值超过 1 亿美元，并在股市大跌之后缩水 60% 的公司。结论不言自明：对于这些落下的刀子，无论是在美国，还是在全球范围，都持续展现出超过市场大盘的收益能力。

如果说在股票市场有什么常胜之道的话，那就是价值投资。学术研究已经证明了这一点，投资实践则更让我们对它深信不疑。

iHappy 投资者

《世界经管学术经典文库》从"iHappy 投资者"系列图书拉开大幕。

深圳市中资海派文化传播有限公司与约翰·威利父子出版公司 (John Wiley & Sons, Inc)、彭博财经出版社（Bloomberg Press）展开了广泛而深入的合作。约翰·威利父子国际出版公司不仅是全球历史最悠久、最知名的学术出版商之一，更是世界第一大独立协会出版商和第三大学术期刊出版商。彭博财经出版社立足于全球最大的财经资讯提供商彭博资讯，针对专业投资人士。

第一阶段，中资海派与该社旗下的 Little Book 系列进行了独家战略合作，推出了一系列深受读者喜爱的经典作品。作为中资海派"iHappy 投资者"系列的主打书目，"Little Book"财智赢家经典投资系列品牌图书不仅涵盖了"理论结合实践"的投资策略，更结合欧美投资大师的经典投资理论，突出了未来投资趋势等主题。系列书中的每本书都从不同角度解读了投资获利的奥秘，是读者及广大投资者投资理财的指引明灯。该系列书的作者大都为金融投资界享有盛名的大师级人物，包括"成长股价值投资之父"菲利普·费雪、"指数基金之父"约翰·博格、"华尔街最知名的股票预测者之一"肯·费雪等。

第二阶段，中资海派与约翰·威利父子国际出版公司的合作全面升级，以 Wiley Trading 系列和 Wiley FINANCE 系列作为核心产品线。在第一阶段的基础上，第二阶段更加注重实战性、专业性。作品包括华尔街最赚钱的自营交易公司 SMB 资本创始人迈克·贝拉菲奥雷（Mike Bellafiore）的《短线交易获利秘诀》（*One Good Trade*）；从业长达 36 年的资深交易员戴维·H. 魏斯（David H. Weis）的《找准下一个买卖点》（*Trades About to Happen*）以及舒尔茨资产管理有限公司的创始人乔治·舒尔茨的《秃鹫投资》（*The Art of Vulture Investing*）等权威作品。

第三阶段，中资海派将联手约翰·威利父子国际出版公司和彭博财经出版社协力打造彭博金融系列（Bloomberg Financial Series）。本阶段不仅涵盖艾略特波浪理论、蜡烛图等技术分析与图表解读，更有期权、产权市场等全球前沿的实战权威著作。

中资海派已引进和已出版的该系列图书有：

"成长股之父"菲利普·费雪（Philips A.Fisher）所著的《费雪论成长股获利》（*Paths to Wealth though Common Stocks*）；

深谙"投资中的人性"的顶级财经作家贾森·茨威格（Jason Zweig）所著的《格雷厄姆的理性投资学》（*Your Money and Your Brain*）；

先锋集团（Vanguard Group）创始人约翰·博格（John Bogle）所著的《投资稳赚》（*The Little Book of Common Sense Investing*）；

美国晨星公司的证券研究部主管帕特·多尔西（Pat Dorsey）所著的《巴菲特的护城河》（*The Little Book That Builds Wealth*）；

股神巴菲特的嫡传弟子，自 1980 年以来一直从事金融分析和投资通讯编辑的路易斯·纳维里尔（Louis Navellier）的畅销书《巴菲特的选股真经》（*The Little Book That Makes You Rich*）；

《股票交易者年鉴》主编杰弗里·A. 赫希(Jeffrey A. Hirsch)所著的《驾驭股市周期》（*The Little Book of Stock Market Cycles*）；

《纽约时报》畅销书作家约翰·莫尔丁（John Mauldin）所著的《牛眼投资》（*The Little Book of Bull's Eye Investing*）；

交易大师迈克尔·W. 卡沃尔（Michael W. Covel）所著的《趋势交易》（*The Little Book of Trading*）；

摩根士丹利创始人戴维·M. 达斯特（David M.Darst）所著的《巴菲特资产配置法》（*The Little Book that still Saves Your Assets*）；

互联网泡沫破灭后个人投资第一人杰西·C. 斯泰恩（Jesse C. Stine）所著的《100 倍超级强势股》（*Insider Buy Superstocks*）；

"华尔街女皇"希拉里·克拉玛（Hilary Kramer）所著的《猎杀暴涨黑马》（*The Little Book of Big Profits from Small Stocks*）；

投资组合经理米奇·扎克斯（Mitch Zacks）所著的《股市获利 11 堂必修课》（*The Little Book of Stocks Market Profits*）；

乔治·华盛顿大学教授劳伦斯·A. 坎宁安斯联合知名基金公司 AKO Capital 的两位投资组合经理托克尔·T. 艾德（Torkell T. Eide）和帕特里克·哈格里夫斯（Patrick Hargreaves）所著的《价值投资者的护城河》（*Quality Investment*）；

小罗伯特·R. 普莱切特的嫡系传承人、波浪理论的权威大师韦恩·戈尔曼（Wayne Gorman）和杰弗里·肯尼迪（Jeffrey Kennedy）所著的《艾略特波浪交易图解手册》（*Visual Guide to Elliott Wave Trading*）；

美国金融界公认的股价形态大师、当代技术分析流派的领军人物托马斯·波考斯基（Thomas N. Bulkowski）所著的《高胜算股价形态图解手册》（*Visual Guide to Chart Patterns*）；

美联储观察家、普利策新闻奖得主格雷格·伊普（Greg Ip）所著的《源风险》（*FoolProof*）；

国际货币基金组织中国处前处长埃斯瓦尔·S. 普拉萨德（Eswar·S. Prasad）所著的《赢得货币战争》（*Gaining Currency*）。

摩根士丹利首席战略师兼新兴市场业务主管鲁奇尔·夏尔马（Ruchir Sharma）所著的《国家兴衰》（*The Rise and Fall of Nations*）

中资海派已引进和即将出版的该系列图书有：

Visual Guide to Candlestick Charting

Visual Guide to Options

Visual Guide to ETFs

Visual Guide to Municipal Bonds

Equity Market and Portfolio Analysis

"财智赢家"书系还收录了众多长销经典投资著作：

"成长股价值投资之父"肯·费雪（Ken Fisher）所著的《费雪论股市获利》*[Markets Never Forget(but people do)]*；

大投机家安德烈·科斯托拉尼（Andre Kostolany）所著的《股市神猎手》（*Kostolanys Wunderland von Geld undBörse. Wissen, was die Börse bewegt*）和《大投机家的证券心理学》（*Kostolanys Börsenpsychologie*）；

著名投资公司总裁乔治·舒尔茨（George Schultze）所著的《秃鹫投资》（*The Art of Vulture Investing*）；

投资组合创始人李·芒森(Lee Munson)所著的《打败操盘手》(*Rigged Money*)；

美国投资市场的"亚当·斯密"亚当·史密斯（Adam Smith）所著的《金钱游戏》（*The Money Game*）。

"iHappy投资者"还推出以下书系：

Smart 智富

该书系主要收录诸多全球投资新秀的最新投资理念图书，对国内的投资者极具借鉴和指导意义。另外，本书系还将带你漫步金融史和投资史，为你找到隐藏在股市起伏与经济荣衰中的密码。

百万富翁教室

该书系主要为都市白领阶层提供理财书籍，内容简单实用，风格平易近人。如果灵活运用书中的方法并持之以恒，即使你目前收入不高，终有一天也能跻身百万富翁的行列。

凯恩斯口袋

该书系聚焦国内外经济大环境，紧跟政治经济发展趋势，收录各路名家的经典理论和通俗实用的佳作。你不仅可以从这些书中了解整体政治经济环境，更能从中找到投资机会，在享受阅读乐趣的同时轻松赚钱。

以上三大书系已出版和即将出版的图书有：

迈克尔·莫布森（Michael J. Mauboussin）所著的《反直觉投资》（*More Than You Know*）；

史蒂芬·列维特和史蒂芬·都伯纳 (Steven D. Levittand Stephen J. Dubner) 所著的《魔鬼经济学》（*Freakonomics*）；

安德鲁·利 (Andrew Leigh) 所著的《魔鬼经济学 2》（*The Economics of Just About Everything*）；

达蒙·维克斯（Damon Vickers）所著的《不懂美元，还敢谈经济》（*The Day After the Dollar Crashes*）；

乔治·马格努斯（George Magnus）所著的《谁搅动了世界》（*Uprising*）；

安德鲁·哈勒姆（Andrew Hallam）所著的《拿工薪，三十几岁你也能赚到 600 万》（*Millionaire Teacher*）；

韩国理财师高敬镐所著的《上班赚小钱，四本存折赚大钱》；

戴维·沃尔曼（David Wolman）所著的《无现金时代的经济学》（*The End of Money*）；

罗伯特·H. 弗兰克（Robert H. Frank）所著的《达尔文经济学》（*The Darwin Economy*）；

肯尼斯·波斯纳（Kenneth A. Posner）所著的《围捕黑天鹅》（*Stalking the Black Swan*）；

桑迪·弗兰克斯（Sandy Franks）和萨拉·农纳利（Sara Nannally）所著的《野蛮人的猎金术》（*Barbarians of Wealth*）；

盖·罗森（Guy Lawson）所著的《章鱼阴谋》（*Octopus*）；

兰迪·盖奇（Randy Gage）所著的《白手创业亿万富翁的财商笔记》（*Risky Is the New Safe*）；

克丽丝特尔·佩因（Crystal Paine）所著的《有钱人穷的时候都在做什么》（*The Money Saving Mom's Budget*）；

罗杰·詹姆斯·汉密尔顿（Roger James Hamilton）所著的《富定位，穷定位》（*The Millionaire Master Plan*）；

世界银行经济学家查尔斯·肯尼（Charles Kenny）所著的《理性的繁荣》（*The Upside of Down*）；

康奈尔大学教授、国际货币基金组织中国处前处长埃斯瓦尔·S. 普拉萨德（Eswar S. Prasad）所著的《即将爆发的货币战争》（*The Dollar Trap*）；

全球知名智库麦肯锡全球研究院三位董事重磅预测作品《麦肯锡说，未来 20 年大机遇》（*No Ordinary Disruption*）；

美国国务院经济学家理查德·S. 格罗斯曼（Richard S.Grossman）所著的《格罗斯曼说，经济为什么会失败》（*Wrong*）；

哥伦比亚商学院教授杰夫·格拉姆所著的《正在爆发的股权战争》（*Dear Chairman*）。

为了适应市场发展的需求，中资海派成立了"iHappy 投资者"系列图书专家委员会，诚邀国内相关领域的权威、专业人士，拨冗推荐该系列图书，并且在编辑加工图书的过程中提出宝贵意见。

欢迎加入 **iHAPPY** 书友会

　　十几年来，中资海派陪伴数百万读者在阅读中收获更好的事业、更多的财富、更美满的生活和更和谐的人际关系，拓展他们的视界，见证他们的成长和进步。

　　现在，我们可以通过电子书、有声书、视频解读和线上线下读书会等更多方式，给你提供更周到的阅读服务。

认准书脊"**中资海派**"LOGO

让我们带你获得更高配置的阅读体验

加入"iHappy 书友会"，随时了解更多更全的图书及活动资讯，获取更多优惠惊喜。还可以把你的阅读需求和建议告诉我们，认识更多志同道合的书友。让海派君陪你，在阅读中一起成长。

中资海派微信公众号　　中资海派天猫专营店

也可以通过以下方式与我们取得联系：

采购热线：18926056206 / 18926056062　　服务热线：0755-25970306

投稿请至：szmiss@126.com　　新浪微博：中资海派图书

经济管理·金融投资·人文科普·政史军事·心理励志·生活两性·家庭教育·少儿出版